毕加索的青葱岁月

[美] 盖里·凡·哈斯 GARY VAN HAAS ◎ 著

阿布 傅薇 ◎ 译

图书在版编目（CIP）数据

毕加索的青葱岁月 /（美）盖里·凡·哈斯著；阿布，傅薇译. -- 北京：新世界出版社，2017.11
ISBN 978-7-5104-6362-4

Ⅰ.①毕… Ⅱ.①盖… ②阿… ③傅… Ⅲ.①毕加索（Picasso, Pablo Ruiz 1881-1973）– 传记 Ⅳ.①K835.515.72

中国版本图书馆CIP数据核字（2017）第192472号

毕加索的青葱岁月

作　　者：[美]盖里·凡·哈斯
译　　者：阿　布　傅　薇
责任编辑：丁　鼎
责任校对：宣　慧
责任印制：王宝根　高　金
出版发行：新世界出版社
社　　址：北京西城区百万庄大街24号（100037）
发 行 部：（010）6899 5968　（010）6899 8705（传真）
总 编 室：（010）6899 5424　（010）6832 6679（传真）
http://www.nwp.cn
http://www.nwp.com.cn
版 权 部：+8610 6899 6306
版权部电子信箱：nwpcd@sina.com
印　　刷：北京嘉业印刷厂
经　　销：新华书店
开　　本：880mm×1230mm　1/32
字　　数：120千字　印张：7
版　　次：2017年11月第1版　2017年11月第1次印刷
书　　号：ISBN 978-7-5104-6362-4
定　　价：36.00元

版权所有，侵权必究
凡购本社图书，如有缺页、倒页、脱页等印装错误，可随时退换。
客服电话：（010）6899 8638

序 言

1925年5月,巴黎。一间略显凌乱的沙龙里,沉闷的气息在空气中弥漫着,一群保守派的精英聚在一起,对着一幅毕加索的新作——一幅离奇扭曲的立体主义油画——指指点点。这是一幅96英寸×92英寸(约244厘米×234厘米)的油画,描绘了一群妓院里的妓女,题为《亚维农的少女》。其实这幅画原名《亚维农的妓女》,现在都称它为《亚维农的少女》。

《亚维农的少女》画的是巴塞罗那亚维农街一家妓院里的五位裸体妓女。毕加索以一种躁动、张扬的手法绘制了整幅画,以这种画法绘制出来的人物根本看不出什么传统的女性美。画中的少女有些许骇人,身体有着粗犷而棱角分明的轮廓。其中两位少女尤为特殊,她们的脸扭曲变形如同戴了非洲面具。另外三人则极具西班牙本土的伊比利亚风格，野性而又咄咄逼人。

《亚维农的少女》是毕加索开创性艺术创作的代表作，他开创了一种几乎忽视传统艺术透视的全新风格，这种风格完全是靠二维平面来表达思想。它也预示着这位年轻的艺术家与传统欧洲画派的彻底决裂。这幅画当时曾被诟病，但现在被一致认为是毕加索艺术生命的转折点。如今这幅画被公认为毕加索在当代艺术中真正实现突破的里程碑。

* * *

雷金纳德·达内利·马尔堡伯爵，是个英俊潇洒的公子，很年轻，二十七八岁的样子，拥有法意两国贵族血统。他身穿黑色燕尾服，白色西装马甲，系着领结，头上戴着一顶时尚的黑丝绒汉堡高帽。他挂着手杖，漫不经心地看着毕加索的新作，悠闲地与身旁的一位相当古板、严肃的女士聊着天。那位女士三十几岁，头发被一丝不苟地梳到脑后，绾成一个发髻。她就是著名的收藏家和业内行家——格特鲁德·斯泰因。

"格蒂"——和她比较要好的人都这么叫她，这么叫不是因为她穿着带褶边的奇装异服，而是因为她通常只穿朴实无华的衣服,而不像她这个时代的那些悠闲的太太小姐们,穿着时髦的S形礼服,露出丰满、高耸的胸部及诱人的臀线,在林荫道上招摇过市,以赢得众人艳羡的目光。很明显,格蒂也从未用过香水,因为那东西在她看来有一种淡淡的、让人不太舒服的气味。

马尔堡伯爵面无表情地看着《亚维农的少女》,拿出一方沁过香水的手帕放在挺直的鹰钩鼻上,开口说道:"说实话,我不太明白,这乱七八糟的画的是什么,也不理解他的意图,是祈福吗?还是祈祷?!"

格蒂白了他一眼——仿佛在说,主啊,原谅他的无知吧——然后,坚定地说:"想要理解毕加索的画,就必须先了解画家的成长经历!"说罢,转身离开了。

马尔堡伯爵有些好笑地想:她怎么这样,也许是哪儿得罪她了。于是用手牢牢地扶住他的高帽,迅速跟上她。

格蒂在通向花园的刺玫花架下轻快地走着。马尔堡伯爵叫住她,说:"格蒂,你等等。继续讲讲啊,我想多听听他的故事,好像还蛮有趣的!"

格蒂停下来等他,回过头轻轻一笑。她知道自己已经成功地引起伯爵的兴趣。

她把自己的裙摆在一把绿色的花园椅上放好，然后拉着他的手说："来，坐我旁边吧。其实，说来话长，这要从毕加索的父亲说起，他也是一位颇有天赋的……"

目 录

第一章　马拉加·1881 ……001

第二章　葬礼 ……011

第三章　巴塞罗那·1895 ……015

第四章　马德里·1897 ……019

第五章　回到巴塞罗那·1899 ……027

第六章　凯旋之梦 ……035

第七章　城市之光·1901 ……039

第八章　坐上火车去巴黎 ……049

第九章　巴黎生活 ……055

第十章　卢浮宫 ……065

第十一章　徜徉在塞纳河畔 ……075

第二十五章	格特鲁德的聚会	159
第二十六章	梅德拉诺马戏团	167
第二十七章	独立展览·1906	175
第二十八章	逐出	183
第二十九章	回到戈索尔·1906	187
第三十章	大师在工作	195
第三十一章	伟大的展览·1909·巴黎	201

第十二章 画室	081
第十三章 沃拉赫的沙龙	085
第十四章 安娜的问题	091
第十五章 克利希林荫道	095
第十六章 唐·路易斯的晚会	105
第十七章 沃拉赫的展览	113
第十八章 卡洛斯和安娜	121
第十九章 卡洛斯的窘境	125
第二十章 悲惨事件	127
第二十一章 吊唁	129
第二十二章 狡兔酒吧·1904	133
第二十三章 洗衣船·蒙玛特	141
第二十四章 反常事件	153

第一章
马拉加·1881

1881年,安达卢西亚,一个岩石丛生的滨海小镇。

太阳懒洋洋地从郁郁葱葱的山脉后升起。大大的太阳像火球似的,照亮了内华达山脉南海岸这块人烟稀少的地区。远方,太阳升得越来越高,热度穿透了冬日的寒冷,地中海山脉和阿特拉斯山脉的轮廓从灰色的薄雾中显露出来。

绿树成荫的街道旁,住着举止高雅、生活富足的人们,拂晓时分的大街非常安静。突然,几声尖叫打破了这里的静谧。汗流浃背的中年妇人正把一块用薰衣草浸泡过的毛巾放在床上女人的前额上,接着又从床边的水盆里拧了一块热气腾腾的毛巾,裹在女人流血的大腿上。已经过去好几个小时了,孩子仍未生出来,可以确定是难产了。现在,大家只盼着这个孩子能够健康、安全地生出来。在不算太长的生命中,中年妇人已经接生过成百上千个孩子,有些孩子哼唧一声就出来拥抱新世界了,而有些孩子留恋子宫的安全和舒适,却不知道那也可能是精神和肉体的地狱!

接生婆看了一眼满是污渍的床单,精疲力竭的女人仍在呻吟和用力,心想,看样子,还有很多事要做啊。她又拿了一条能舒缓情绪的薰衣草毛巾,给这位棕色眼睛的女人擦拭汗水,女人的眼神那么平和、坚定。是的,这个女人是不达目的誓不罢休的。她的安达卢西亚血脉让她从地中海山脉的祖先那儿继承了强健的体魄和坚强的意志。

接生婆轻轻地擦拭年轻女人的手臂、大腿,一直擦到脚底,然后用力按摩那些催生的重要部位。现在,她能做的只有坚持和等待……

这是玛丽亚·毕加索·洛佩兹第一次生孩子。她确信会是个男孩。"如果这个迹象表明他是个意志坚强的孩子,"她想,"经受得起人生路上的狂风骤雨,我情愿承受这些痛苦。"就在她觉得自己已经支撑不住的时候,一阵胎动像破空闪电穿过她的

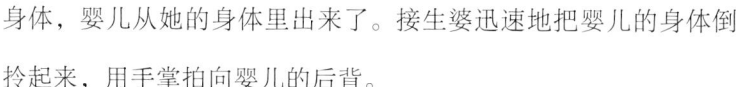

第一章　马拉加·1881

身体，婴儿从她的身体里出来了。接生婆迅速地把婴儿的身体倒拎起来，用手掌拍向婴儿的后背。

"是个健康的漂亮男孩，太太！"接生婆欣喜地喊道。

屋外，听到喊声的何塞·鲁伊斯迫不及待地冲进屋子，他的弟弟也紧随其后。何塞从接生婆手上接过婴儿，专注地看着眼前面色潮红的亲生儿子。这时，他忽然意识到，儿子太安静了！到现在居然一声未发！大惊之下，他把儿子平放在床上，给他做人工呼吸，但是，没有任何反应。何塞的身边，弟弟手上的雪茄还没来得及熄灭。忽然，他把何塞推到一边，深吸了一口雪茄，弯下腰，将一口浓烟气吹进婴儿的肺里。

奇迹发生了！好像是为了表示抗议，婴儿发出一声啼哭，响彻了安静的房间。他的小胸脯也随之上下起伏，有了生命的迹象。喜悦的泪光充盈了屋内每个人的眼睛，谁能说清这是奇迹还是疯狂呢？……

巴勃罗·毕加索，1881年10月25日出生。洗礼时获得的教名是：巴勃罗·迭戈·何塞·弗朗西斯科·德·保拉·胡安·尼波穆切诺·玛丽亚·德·洛斯雷梅迪奥斯·西普里亚诺·德拉·圣蒂西马·特立尼达·鲁伊斯·毕加索。尽管名字比较长，但依据刻板的西班牙传统，这个名字一段都不能少。这串冗长的名字用了多位圣贤和家属的名字。这种奇怪的组合方式，也是用来表达缅怀和敬仰之意的。其中，毕加索名字的关键部分表示的是对其父母的孝敬之情。名字中的"鲁伊斯"来源于父亲一方，据说出自一个西班牙的贵族，而"毕加索"来源于母亲一方。

年轻的巴勃罗出生在马拉加，是堂·何塞·鲁伊斯·伊·布拉斯可和玛莉亚·毕加索·伊·洛佩兹的第一个孩子。

巴勃罗的家庭本质上属于中产阶级，不过他们和学术圈、艺术圈有着紧密的联系。巴勃罗的父亲经济上很宽裕，直到37岁才开始工作，成为一名艺术方面的教授。他是当地受人尊敬的画家，他画作的题材是大自然，擅长画鸟类以及其他野生动物。1891年，他们全家搬到了拉科鲁尼亚区的巴塞罗那。在那儿，何塞将他余生的时间献给了大洛加工艺学校的教书事业。同时，他也在当地的小美术博物馆担任业余馆长。

尽管出生颇费周折，但巴勃罗很快就长成一个充满活力又热心的孩子。他精力充沛、精神饱满，很小就展现出了对绘画的热情和绘画能力。他的母亲玛丽亚一直关心和鼓励着他。因为何塞把大部分时间都花在工艺学校了，所以是玛丽亚最先发现了儿子的艺术天分。小时候的巴勃罗总是习惯坐在旁边看着妈妈烤蛋糕、面包、烧饼、馅饼以及小孩子们喜爱的一种叫"油条"的西班牙小糕点。站在明亮通风的厨房中心的大流水台旁,玛丽亚双手沾满了面粉和巧克力,她偶尔会给儿子一匙让他舔舔。然而他总是咯咯或咿咿呀呀地说"匹兹、匹兹"。他一遍一遍地重复,直到最后,玛丽亚才明白儿子想要铅笔。她高兴地把铅笔递给儿子,于是巴勃罗便开始无休无止地画螺旋,因为螺旋与他爱吃的小油炸饼十分相似。

母子之间建立起的牢固的关系,成了他大男子主义的基础,也决定了他终身——艺术生涯与个性成长——与女性纠缠不休。

周日去教堂做礼拜是习以为常的事。而每周六,小巴勃罗都会被家人领着一起去竞技场看斗牛。

斗牛与西班牙文化密切相关,可追溯到公元711年。第一场斗牛是为庆祝阿方索八世的加冕举办的。不久,斗牛就在西班牙流行起来,每周都会有上千西班牙人涌向当地的斗牛场。

斗牛原本是贵族的保留运动,并且是在马背上进行的。但是费利佩五世加冕后,禁止上流社会参与斗牛。他反对此项运动,因为他认为斗牛对公众影响不好。禁令发布后,老百姓却偷偷地把斗牛变成了他们自己的运动,并且因为老百姓买不起马匹,斗牛也发展成了斗牛士在地上无遮拦地与牛相斗。这种运动相当血腥,也毫无疑问地给小巴勃罗留下了深刻的印象,并在他的心里扎了根。

* * *

1895 年,拉科鲁尼亚,一个宁静的海边城镇。

这是一个典型的阳光明媚的冬日清晨,卖菜的、卖水果的、卖陶器的到处吆喝,一边推着他们老旧的摇摇晃晃的马拉车走下颠簸的鹅卵石街道,一边大声地叫卖着他们的货物。

一群基督教会学校的小学生,穿着他们鲜艳夺目的新浆洗的蓝白制服,被两名板着脸的修女带着,一边唱着赞美诗,一边向教堂行进。两位修女按照惯例穿着黑色长袍,系着白色头巾。一个孩子摔倒了,落在了大家的后面。随即,他就被其中一个严肃的老修女用手中的树枝赶回到队伍里去了。

经过一个开放式尖拱建筑的时候,孩子们抬头看着这座像塔一样耸立在他们面前的十四世纪的西班牙大教堂高耸的尖顶,上面可怕的石像怪物和圣人们在他们经过时展现出桀骜不驯的神情。

一个穿着棕色长袍的修道士走进教堂的钟楼,开始他的日常工作:拉绳——敲响巨大的马德里黑铁铸造的大钟。钟声悠远绵长,响彻了整个村庄的每一条街道。

教堂临街的一张老旧风化的百叶窗被推开了,露出何塞·鲁伊斯蓄着胡须的脸。他三十出头,拥有一头浓密的黑发。他不是传统意义上的帅哥,但他拥有优雅的举止和与生俱来的自信。他从二层单元向外观望着,热情地跟下面一个菜农挥了挥手。菜农也向他挥了挥手:"早上好,鲁伊斯先生!来些新鲜的蔬菜吗?我这儿有熟透的西红柿,像马拉加太阳一样金黄的柠檬,闪闪发亮的紫茄子,还有可以和圣母玛利亚的眼睛相媲美的绿黄瓜。您要来点什么吗?""嗯,谢谢啦!胡安。明天吧,我让我太太列个单子。祝你拥有美好的一天!"

何塞·鲁伊斯缩回到他的温暖小屋。屋内,他十四岁的儿子巴勃罗正蹲在地板上给七岁的妹妹肯奇塔画素描。这个女孩有着迷人的蓝眼睛和长长的黑丝绒般的头发。但是,她的皮肤苍白,黑眼圈让她显得很虚弱。她穿着粉红色的棉睡衣,躺在巴勃罗旁边的米黄色沙发上,盖着一条厚厚的毛毯。

肯奇塔说:"巴勃罗,终有一天你会非常非常有名的!"

巴勃罗想了想，回答道："到那时，你是我最好的模特！"然后，他抬头看了她一眼，接着画她的脸。

何塞·鲁伊斯走进房间，安静地走到巴勃罗身后，看他画画。他向坐在围炉旁织毛衣的太太赞许地点了点头。

肯奇塔剧烈地咳嗽了一阵，引得父母互相看了一眼，毫不掩饰内心的关切。

何塞·鲁伊斯把手放在她的前额上，一边试着她的体温，一边问："吃药没？"

肯奇塔说："我觉得吃药已经没用了。"说完便哭了起来。

巴勃罗放下素描本，走过去，抚摸着她的头发。肯奇塔渴望地凝视着窗外这个严冬的清晨，说："树都枯萎了，真让人悲伤。巴勃罗，我怕我可能等不到春天了。"

男孩听了这话，不禁打了个寒战。"不要那么想，我的好妹妹。上帝会保佑你的！"

但是，男孩知道真相，他很担心妹妹。看着上霜的窗子，男孩的眼泪流了下来，滴到了素描本的画上，泪水落在她的脸上，黑灰色的墨汁像水流一样蔓延在她的脸颊。

"你看你做的好事！"他说着，擦掉了眼泪，"你把我的画都弄花了！"

第一章 马拉加·1881

"可怜的巴勃罗,我知道你们会想我的!"

巴勃罗摇摇头,他从没想过会失去她。他强装笑颜地说:"妈妈让马拉加最好的医生来看你,一切都会变好的,你瞧着吧。"

肯奇塔把头枕到柔软的羽绒枕上:"我感觉很累……"

死亡的气息隐隐地弥漫在空气中,巴勃罗不想背叛他的本心,尽管他已经非常伤心。

肯奇塔把一条小小的金项链吊坠从脖子上拿下来,递到巴勃罗手上,"留着这个吧,永远记住我……"

巴勃罗看了一眼刻着她名字的吊坠,又送回到她手上,"不,肯奇塔,如果你有事,我就不再画画了!"他的小心思一直在想着这件事。他把素描本放下,"你什么都不要说。只要你祈祷,上帝就会帮你的。答应我……"

她又咳嗽起来,再次把吊坠放回他手里。

"拜托,你一定要好起来,"他说着给了她一个紧紧的拥抱,"不要害怕,小可怜儿。上帝不会让你出事的,他会想办法照顾像你这样天使般的女孩子的。"

"你也是这样画我的吗?"

"是的,我也是这样画你的。"巴勃罗答道,用手臂轻轻地拥着她，直到她睡着，"当然我会这样画你，我永远都不愿你去想那些悲伤的事，我的天使，我爱你！"

巴勃罗给她盖好毯子，起身走到窗边，茫然地凝视着冬季荒凉的枯树。然后他双手合十，开始祷告："上帝啊，求求你，帮帮我的小妹妹吧！"

第二章
葬　礼

几天后，巴勃罗依旧站在那扇窗边，双手合十，茫然地凝望着窗外，听着冷风飕飕作响，低声抽泣着。

外面，一层薄雪如裹尸布般覆盖着地面，葬礼队伍缓慢地前行着。大多数人穿着黑衣，领头的是一个中年的戴帽牧师，后面跟着一架长长的、黑色的马拉灵车。

门打开的时候，巴勃罗扭头看见身穿黑衣的父母慢慢地走进来，他们两人看起来都身心疲惫。父亲神情憔悴，显得一下子衰老了很多。母亲走过来想安慰巴勃罗，但他挣脱掉，跑开了，他仍在为失去妹妹而难过。父亲看着儿子的反抗，热泪盈眶，他知道女儿的死对儿子打击太大了。

"我的孩子,我知道你的感受,但有时候,生命就是这样无可奈何。我们必须相信上帝,他自有他的安排!"

但巴勃罗对父亲的话充耳不闻,他安静地坐在角落里,双臂交叠,一言不发,沉浸在自己的世界中。

他站起身来,走到桌前,打开抽屉,拿出一张他以前给肯奇塔画的素描,又哭了起来。这是男孩第一次接触死亡,他感觉内心沉甸甸的,好像上帝已经抛弃他了。

"爸爸,为什么上帝要带走她?她那么小,那么可爱,我的小妹妹……"

何塞·鲁伊斯拉过儿子的手臂,轻轻地抱住他。

"我知道你想指责上帝,我理解你。但他带走你的妹妹一定是有原因的。"

巴勃罗不相信,抬起头,瞪着父亲。

何塞侧身看了看孩子手里拿的素描。巴勃罗把素描递给他,何塞又把它递给孩子的母亲看。素描完美地诠释了肯奇塔,她像天使一样飞在云中,还有副翅膀。孩子的母亲眼眶湿润,张开双臂,孩子冲过去,抱住她。

"巴勃罗,你已经让肯奇塔永生了。"母亲说,"她会永远活在我们心里!"

* * *

后来有了这样的说法：死于白喉的妹妹让小男孩如此神伤，以至于他以后同女人们的关系丰富多彩，不管他把她们当成女神还是妓女。随着年龄的增长，他被越来越多年轻的女子吸引，在她们身上寻找他逝去的妹妹的那种纯真和童趣，由此可见他是多么爱她。

第三章

巴塞罗那·1895

十九世纪末,充满魅惑、令人兴奋的巴塞罗那是西班牙最时尚的大都市,也是南部海岸最繁忙的港口。饭店、商店、酒吧罗列在拥挤的鹅卵石街道两侧,到了夏季,巴塞罗那更是热闹。

过去,巴塞罗那是一座罗马式的城市,后来变成了中世纪贸易路线上的一个繁华的交易地点。随之而来的是一些世界上最奇特的超现实主义建筑,一些能工巧匠在这里建造了欧洲最大的建筑群,其中包括由安东尼·高迪建造的神圣家族大教堂。

巴塞罗那在艺术和建筑上的蓬勃发展是从十九世纪晚期开始的。作为加泰罗尼亚自治区的首府,巴塞罗那是一个拥有自己语言、文字和历史的特殊地区。事实上,一些加泰罗尼亚人因其原生态的海滨小镇锡切斯及蒙特塞拉特山脉,将其归为一个独立的领地。

十四岁时,巴勃罗取得了突破,画了一幅生动、传神的肖像——《姑妈佩帕的肖像画》。后来,这幅画得到的评论是:"毫无疑问,这幅画是整个西班牙艺术史上最棒的画作之一。"巴勃罗显示出了作为年轻艺术家的巨大潜力,是时候去进修艺术了!

在巴塞罗那一个著名的美术学校里,一个年轻的女模特正裸体展示在一群二十岁左右的学生面前。这些神情专注的学生正忙着他们的画作,教室里安静得只能听到画笔的唰唰声。一位看起来五十来岁的老师,留着白胡须,穿着蓝色工作服,走到学生们的身后,审视着他们的画作。突然,他停下来,看着一个学生的画架,眼前一亮。这个学生就是十六岁、青春年少的巴勃罗。

老师招呼另外两个学生来看巴勃罗画的人体,学生们的脸上流露出欣赏、羡慕的神情。

巴勃罗还在画着,没注意到自己身后已经聚集了一小群人。

画作完成了,老师轻轻地拍了拍男孩的肩膀,慢慢地将他的画作从画架上拿起来,审视着,看得入了迷,他想:"这画

第三章　巴塞罗那·1895

非比寻常啊……我还能教这孩子吗?因为他已经超过我的学生们太多了!"

何塞·鲁伊斯穿着一件长长的、沾有颜料的白色画袍,手里拿着调色板和画笔,走进家里的门厅。他停在儿子身后,从后面看着他。自从妹妹死后,巴勃罗就沉迷于画离世的女孩,他反反复复地画这类主题。何塞深深地吸了一口气,虽然儿子的画作笔法生动、逼真,但他还是感到有点沮丧。

巴勃罗看了父亲一眼,期待他的赞许,但何塞只是默不作声地摇了摇头,一时不知说什么好。

何塞把手里的画笔递给巴勃罗,说道:"我的儿子,你画得很棒!但是,你必须从死亡的阴影里走出来,走到上帝的光明里,用他赋予你的才能来赞美他!"

"嗯。可是父亲,为什么你要把自己最喜欢的画笔给我呢?"

"是的,我的儿子,这是我最好的画笔,是我的父亲传给我的。它现在归你了,该你来传承家族荣誉了,接下来就是你的时代了。"

何塞既是巴勃罗的父亲,也是他的老师,他知道巴勃罗只有一个地方可以去——西班牙首都是每个想要扬名立万的年轻艺家应该去的地方。

为了完成家族赋予的使命,巴勃罗在1897年秋天离开巴塞罗那,去了马德里。在那儿,他进入了圣费尔南多皇家学院,那时他才十六岁。

第四章
马德里·1897

与巴勃罗过去生活的巴塞罗那不同,马德里非常大,有着与巴塞罗那完全不同的建筑,它的历史可以追溯到伟大的阿拉伯埃米尔穆罕默德一世——也就是命令在曼萨纳雷斯河左岸建造堡垒的人——的时代。后来,这个堡垒成为基督徒与阿拉伯人争夺的焦点,直至十一世纪被阿隆索六世占领。十七世纪末,为保护新扩建的地盘,兴建了防御墙,沿着这道墙可到达塞哥维亚、托莱多和瓦伦西亚。

十八世纪,在卡洛斯三世的统治下,马德里又修筑了一些令人印象深刻的连通城市的"大动脉"式道路,诸如普拉多大道、阿克希亚大道。在这种奢侈的摩尔文化背景下,巴勃罗很快就

定居了下来。

在马德里一个破旧的男生公寓住了几个月后,巴勃罗发现马德里皇家学院以及他们的教学条件远没有原先预期的好,感觉非常失落。为了坚持自己的远大抱负,他最终选择辍学,终日流连在大街上,画些咖啡厅和公园里的真实场景,偶尔也会画画妓院里的场景。值得一提的是,他将大把的时间花在了普拉多美术馆,在那儿,他专注于研究那些最伟大的西班牙画家们。

当时,他在给父母的信中写道:"普拉多美术馆里的绘画异常美丽。委拉斯开兹是最棒的。埃尔·格列柯画的头像太赞了!但牟利罗的画里却没什么值得我信服的东西。" 普拉多美术馆给这位年轻的艺术家留下了深刻的印象。

普拉多美术馆原名普拉多大道,是国王卡洛斯三世于1785年下令建造的,被指定为一家自然科学博物馆。国王想建一家博物馆,于是毗邻的植物园和漂亮的普拉多大道很快就成了科学启蒙的中心。

到1819年普拉多大道建好的时候,它的功能已经转变为用来展示西班牙皇室收集的始于费迪南德和伊莎贝拉时期的艺术品。期待已久的博物馆整修工作从1891年开始,几年后结束。

第四章 马德里·1897

它与拉斐尔·莫内欧设计的圣赫罗尼莫雷阿尔修道院的周边新建筑一起形成了一个巨大的回廊,这里还举办过几次大型画展。

普拉多美术馆的镇馆之宝是西班牙艺术三杰的作品。三杰分别是戈雅、委拉斯开兹和埃尔·格列柯,他们也是巴勃罗颇感兴趣、能激发其灵感的艺术家。博物馆还展览来自佛兰德(今在比利时境内)、荷兰、德国、法国和意大利的艺术家们的大作,那些作品都是这些国家作为西班牙殖民地时收集来的。

普拉多美术馆成为西班牙最伟大的博物馆,得益于1836年颁布的西班牙反教权法律,这项法律要求寺院、修道院、教堂必须献出他们的艺术作品用于公开展览。

巴勃罗走近丽兹酒店对面的普拉多美术馆富丽堂皇的入口,入口通向的第一个展厅展出的是十七世纪佛兰德画家的作品,这些画家包括彼得·保罗·鲁本斯、雅各布·乔登斯和安东尼·凡·代克等。他们的作品都是巴勃罗以前无缘一见的珍品,既让他惊叹,又让他惊骇不已。巴勃罗不由自主地想:凡人怎么能画出这么完美的作品?!

在旁边的房间里,巴勃罗看到了数量庞大的委拉斯开兹画的国王和王后的细致肖像画。其中,最触动巴勃罗的一幅,正是委拉斯开兹最重要的作品之一《纺织女》，这幅画展现了艺术家掌控光与影的超凡功力。随即，巴勃罗又发现了委拉斯开兹另一幅著名的油画作品《宫娥》，画得更加出色，画中既包括工作中的画家本身，又包括国王和王后在镜中的影像，二者在空间与视角上颠覆性地相互作用。巴勃罗简直迷恋上了这幅画，所以，后来他也以自己独特的抽象风格临摹了这个作品几次。

当巴勃罗继续向前，走进通向二层和顶层的恢宏大厅时，他看到了戈雅那些阴郁、消沉的作品。戈雅的画作风格跨度很大，从田园风格到惊悚风格，奇异多变。他的早期作品主要是卡洛斯四世的家庭画像，那时他是宫廷画师。巴勃罗一眼就看穿了画像中的那些空洞的、愚蠢的表情，特别是在画作《卡洛斯四世家族像》中，巴勃罗理解了戈雅对那些自我放纵而又反动的统治者的厌恶之情。另外，紧密相连的两幅戈雅著名的油画作品《着衣的玛哈》和《裸体的玛哈》，表达了戈雅对年轻女公爵阿尔芭的崇敬之情。

在巴塞罗那的时候，巴勃罗就接触到了戈雅，知道他的画作具有鲜明的政治意义。戈雅的画作可以追溯到1808年，当时的马德里人民正奋起反抗法国侵略军。他知道戈雅的《五月二日》描绘了太阳门暴动，也明白其更加惊人的同类作品《五月三日》

描绘了对五月二日暴动的爱国者的夜间处决。

当巴勃罗凝望着这两幅画时,他立即明白了戈雅如何在浪漫主义风格画法中巧妙地使用照明效果——整幅画不重视细节,而更重视整体的故事效果,这使其成为油画描绘暴乱中最有力量的作品。

巴勃罗继续向前走,接着,他发现戈雅的"黑色画"系列有些怪诞与躁动。这些画作是戈雅的晚期作品,反映了他失聪之后内心的混乱和对血腥的独立战争的深深的厌恶。

了解到戈雅晚年是如何患上重病、左耳失聪、孤独、痛苦和绝望时,巴勃罗感觉很悲伤。他看到了那幅可怕的《萨坦吞吃自己的孩子》——这幅画确切地表达了时光和岁月对这位贫穷艺术家的践踏,使其最终堕落。那感觉让巴勃罗很不舒服。

巴勃罗离开戈雅的画作,走向普拉多美术馆的第一层。这里还有一个房间,里面都是十五世纪和十六世纪佛兰德大师的作品,其中有一幅中世纪佛兰德画家希罗尼穆斯·波希的风格奇特的典型超现实主义画作《人间乐园》。它虽有趣,但看过戈雅的惊悚画后,巴勃罗确定自己不想再看这类画作。因此,他果断地走进下一个展室——这里摆满了埃尔·格列柯富有激情的灵性之作。埃尔·格列柯是十四世纪艺术家，出生于希腊，却生活和工作在托莱多。巴勃罗对于埃尔·格列柯有浓厚的兴趣。后者的画作是神秘的加长样式，作画的风格震惊了他那个时代习惯于刻板的典型画像的公众们。他最伟大的两幅作品《复活》和《牧羊人的崇拜》就挂在墙上展示。这些画作令巴勃罗赞叹不已，因为这两幅画最能代表埃尔·格列柯的风格。

埃尔·格列柯、戈雅和其他艺术家的作品对巴勃罗不同时期的艺术创作都有影响，他一定在作品中融入了当时的感觉，将方方面面结合到了他的新作品中去。他在普拉多美术馆定期临摹和素描，其中包括《斗牛士佩佩伊洛的画像》和另一幅戈雅"随想曲"系列中名为《恶之花》的画作——画面描绘了切莱斯蒂纳在看一位年轻性感女子的长筒袜。

巴勃罗是位勤奋的画家，又是一位狂热的模仿者。然而，因为巴勃罗一直在没有暖气的普拉多美术馆寒冷的空间里作画，1898年春天，他病倒了，并且在接下来的大半年里，他只能留在奥尔塔埃布罗河畔的加泰罗尼亚村康复。

当他于1899年年初回到巴塞罗那时，他感觉终于完成了自己的使命——成为一名合格的艺术家。虽无人嘘寒问暖，但他已经学会在乡间独立自主地生活，睡在旷野里，吃任何能找到的东西，并能流利地说加泰罗尼亚语。

聪明又固执的巴勃罗不顾父亲给他安排的学业计划，决定两个月就结束他艺校的所有课程。何塞听闻此事，出奇地愤怒，他告知了儿子自己的态度，但巴勃罗固执己见。在公开反对父亲要求他画宗教类作品的持续重压下，巴勃罗开始使用他母亲的姓——毕加索，并在他早期的油画作品上签名"P.R.毕加索"。到1901年年末，他完全放弃了父亲的姓氏。

第五章
回到巴塞罗那·1899

回到巴塞罗那,巴勃罗开始在一群意气相投的朋友和亲人间走动。他们大多是加泰罗尼亚的艺术家和作家,并定期在固定的咖啡馆——四猫咖啡馆,风格类似于巴黎黑猫咖啡馆——见面,聊着不断变化的巴黎艺术。正是在这个令他流连的地方,他结识了作家杰米·萨瓦特斯——后来成了他的终生挚友;也是在这个地方,1900年2月——在这个世纪交替的时期——巴勃罗举办了他的第一场个人画展。

他在四猫咖啡馆展出的画作大多是小型的、用综合材料绘制的人物肖像。其中一幅特别晦暗、压抑的油画,题名《最后一刻》,描绘了一位牧师坐在一个濒死女子的床边。这幅画后来在

1901年世界博览会上被西班牙展区接收为参展作品。

巴塞罗那的夜生活对年轻的艺术家们来说是充满激情的：明亮的跳动的煤气灯排列于街道两旁，马车轻快地在林荫大道上来回奔跑。成群结队的人们穿着最时髦的维多利亚服饰在街上漫步，拐角处的咖啡馆和小酒馆因各种活动而热闹非凡。巴勃罗还看到，零星的妓女出现在酒吧和小巷中。当穿着时装的太太们经过她们时，总是对她们嗤之以鼻，告诫身后的丈夫们别去看。

沿着狭窄的人行道，古朴、舒适的咖啡馆沿街排列，咖啡馆内的桌子上点着蜡烛，墙上映着琥珀色灯光，外墙朦胧的玻璃上方挂着招牌——一切都那么惬意、自然地融入这一片喧嚷嘈杂之中。

在巴勃罗经常去的一间狭窄的小酒馆里，一个肥胖、笨拙的酒保出现在门口。他三十多岁，头发乌黑、油腻，长着长长的山羊胡，大腹便便的肚子上系着一条围裙。酒保骂骂咧咧地打开酒馆的门，把一个烂醉的老酒鬼推搡到寒冷潮湿的石子路上。老酒鬼头朝下倒在泥泞的地上，口中还骂着脏话。而酒保吹吹胡子，自鸣得意地走回去了。

拥挤的小酒馆里嘈杂、昏暗，到处乌烟瘴气的。在这个散发着难闻气味的地方，有二十多张桌子一起排在一个长吧台旁，男男女女一个个紧挨着，谈着生活或政治话题，喝着酒，说笑着。

昏暗的灯光下，一个醉酒的顾客慢慢地靠近一个留着刺眼火红头发、脸上妆容很重的中年女服务员——她很疲惫，衣着邋遢。当男人的手捏到女人丰满的臀部时，她被激怒了，立即转身，大叫着将手中的饮品托盘扔向那个流氓。老男人很不幸，因为酒保看到了这一切。酒保从吧台后走出来，从座椅一旁抓住了他的短裤，把他扔出了门，他摔了个仰面朝天！

这个时候，巴勃罗正安静地坐在角落里。他自顾自地笑着，感觉很有趣。他会自觉地远离这种伤害模式，只是忙着画素描；他眼睛睁得大大的，敏锐地捕捉周围的一切。

巴勃罗开始画隔壁桌对坐着的一对男女。男人戴着一顶大礼帽，抽着烟斗。女人穿着一件粉色的百褶裙，披着一件红色的披肩。这对男女相谈甚欢，以致没注意到巴勃罗正在画他们。

一个差劲的女服务员收拾完了碎玻璃，看到了巴勃罗的画，给了他一个讨人厌的表情。

"嘿，你！没出息的小混混，"她愤怒地说道，"你现在欠我七个比索，给我买杯喝的，要不你就别再来这个酒馆了！"

巴勃罗不予理会，他的眼睛一直没离开画板，他继续画画。

"走开,你这个老母夜叉!你打扰到我了!"

女服务员跺了跺脚,把扫帚放下,傲慢地把她粗糙的手支在她的臀部上方。

"你怎么敢这么跟我说话?我要跟你父亲谈谈,你个没出息的小混混!"

巴勃罗的目光从画板上移开,但他的炭笔一直没停下。

"我之前跟你说过,等我把画卖了之后会付你钱的。现在,走开!让我一个人待会儿,你这头蠢猪!"

女服务员瞪着他,异常愤怒,然后拿起一个玻璃杯扔了过去。但巴勃罗轻松地避过了,并抓起眼前的素描本当挡箭牌。玻璃杯稍偏了一下,撞到墙上,摔了个粉碎。

"我说了,别烦我!你这个蠢女人!"巴勃罗吼道。

心怀不满的女服务员哼了哼,回去拖地了。

巴勃罗开始收拾东西准备离开。这时,他的两个朋友推门而入。那是他的老同学兼好友——十九岁的卡洛斯·卡萨吉玛斯和杰米·萨瓦特斯。

这两个年轻的、充满活力的西班牙人径直走进小酒馆,后面跟着两名衣着暴露、打扮妖娆的女孩,两人手挽着手。女孩们看起来比卡洛斯和杰米年长几岁,但好像很喜欢这两位年轻、有魅

第五章 回到巴塞罗那·1899

力的西班牙人。

卡洛斯看到巴勃罗,便走过来和他说话。

"今晚,我给大家找了点乐子!"卡洛斯瞟着那些女孩说。

巴勃罗抬头看了一眼,面无表情。

"你从哪儿找的这些'恐龙'?"巴勃罗皱起了眉头开口道,一边把画具放进包里。

"呵呵,巴勃罗,相信我,我们是到处寻找才找到她们俩的。"

"应该很容易找吧。"

"哈,你还没真正拿下过什么女人吧。我告诉你啊,她们姐妹俩就像加的斯的吉卜赛火焰一样火辣!"卡洛斯挤眉弄眼道。

巴勃罗摇摇头,笑了,他明白他的朋友的确不可救药。

身后,两个女孩中的一个被拉到了桌子上,她穿着一件长长的、红色带流苏的吉卜赛裙子。酒保扔给她一副响板,有一群人开始慢慢地聚在她的脚下。一个老男人拿起一把吉他。她开始随着弗拉明戈的曲调缓慢地、充满魅惑地打起拍子,脚也随着旋律踏着鼓点。

卡洛斯把胳膊搭在巴勃罗宽阔的肩膀上,他们一起看着女孩跳舞。

"看吧,兄弟,我告诉过你的,"卡洛斯开心地说,"她的舞蹈就是焚身的烈焰,能激起男人内心的邪恶!"

巴勃罗看了一眼舞者,说:"我以前真没看过这样的女人,腿真漂亮!"

"她是从巴斯克地区的吉卜赛家庭出来的,你看不出来吧?——在北方表演,她们赚了不少钱呢!"杰米说。

"北方?"

"我以前不是告诉过你吗,傻瓜,那是巴黎!人们都去那儿发财。作家、舞者、诗人、艺术家,所有你能想到的,都去赚钱了!"

"那儿好赚钱吗?"

"还不明白吗?毕沙罗、德加、塞尚——他们在那儿全都名利双收了!"

随着弗拉明戈舞达到高潮,一个热情过度的看客也跳了起来,这个大块头显然是喝多了,匍匐在女孩的脚下,把那女孩吓坏了。

时刻准备着的酒保跑过来帮忙。他对大块头喊着什么,但被对方一个淘汰赛式的直勾拳打在下巴上,"砰"的一声倒在地上。

"那女孩好像有危险。"巴勃罗说。

"哦，别再冲动了。那男的块头太大了！"卡洛斯警告他，"我们还是别掺和了。"

"为什么不？"

"你看看就知道了……"

另一个瘦小的西班牙人跳起来帮女孩，但他的脸上也挨了一下，倒在吧台上。被吓到的人们向后退，大块头又走向女孩……因为喝得太多，他空洞的眼睛布满血丝，显得有点精神错乱。

巴勃罗把卡洛斯的手臂从肩膀上拿下来，耸耸肩，跑上前去帮那个女孩。他四处看了一眼，迅速从一张桌子上扯下一张红色的桌布，桌布上的玻璃杯随即飞了出去。

卡洛斯和杰米紧张地看着巴勃罗漫不经心地走到大块头的后面，而大块头还在盯着那个歇斯底里的女孩。巴勃罗拍了拍大块头的肩膀，大块头停下来，回过头，用疯狂的眼神看着他。

"你想怎样，你个小矮子？"大块头含糊地说，想要看清巴勃罗。他走过来，向巴勃罗挥拳，但巴勃罗非常迅速地退了回来。

巴勃罗冷笑着挥舞起红色的桌布，像挥舞斗牛士的斗篷，挑逗着这头被激怒的公牛。

"哈，你是想找死吧，嗯？好吧，你……我会扭断你的脖子。"

大块头呼哧呼哧地向巴勃罗咆哮,想要抓住他,但未能如愿。巴勃罗逗引着愤怒的大块头绕着桌子和椅子转圈,最后引着这个疲惫的大块头跟跟跄跄地撞到了大理石吧台上。大块头撞得很厉害,人也倒了,看样子还蛮严重的。

雷鸣般的掌声在获得解脱的人群中响起,人们叫嚷着,大声地欢呼着。卡洛斯走上前来,拍拍巴勃罗的后背,祝贺他这位勇敢的朋友。

"干得好,兄弟!不过,看样子,我们现在必须去北方了。"

"你为什么这么说?"巴勃罗整理了一下自己说。

"因为那个大块头的朋友要是找到你,你就看不到明天的太阳了。哈哈!"杰米笑道,"这也是我不管这事儿的原因,我不认为我有能力处理今晚的加的斯烈焰。兄弟,你能者多劳,祝你好运!"

第六章
凯旋之梦

在一个装修简单的冷清的单间工作室里，清晨宁静的阳光透过窗子轻轻地照进来。墙角立着一个画架，巴勃罗的一些人物画作和素描被别在光秃秃的墙上。一个工作台上，放着装颜料和刷子的瓶子，桌子上有些污渍。

地板中心放着一块破旧的大号床垫，一张磨得破旧的、薄薄的毯子下有个人形在扭动。

卡洛斯从毯子下露出来，揉了揉惺忪的睡眼，他看了看睡在旁边的盖着毯子的人，得意地笑了。

"该起来了，懒虫，"卡洛斯说，"现在十一点了，我快饿死了。"

"好吧,好吧——我这就起来。"巴勃罗嘟囔着,爬起来。他穿上一件白色衬衫和宽松短裤,用条麻绳系紧,然后走向角落。桌子上有个煤气灶,他点着火,开始煮咖啡。

巴勃罗从橱柜里拿出一些奶酪和面包,还有一把刀,一起递给卡洛斯让他切面包。

卡洛斯用手把刀抹干净,开始切面包。

卡洛斯耸耸肩笑了,这时他注意到一幅钉在旁边墙上的素描。

"嘿,这是什么?你现在尝试新的东西了?"

"关你什么事!"

"别这样,朋友,你不是开玩笑吧?我们还是朋友,不是吗?"

"这要看你。现在,停止这些无聊的闲扯吧。"

"哎呀,巴勃罗,别那么小心眼儿,"卡洛斯说着拍了拍他的肩膀,安慰道,"我只是随便问问……朋友!"

巴勃罗看着他。

"好吧,朋友。这个破面包切完了。"

卡洛斯递给他一片黑麦面包和一些他最喜欢的加泰罗尼亚血香肠。

巴勃罗咬了一口,同时他的眼睛一直专注于创作,注意力又回到了素描本上。

卡洛斯倒了一杯浓茶，又放了些牛奶和糖，随后拿出一些纸，开始在桌上用彩笔画画。

"那么，卡洛斯，你觉得杰米昨晚的话怎么样？我的意思是，去北方的那些事。"

"我觉得那是真正的冒险，我们会以全新的视角看待世事的，我的朋友。作为艺术家，虽然我爱西班牙，但它是停滞的。我的意思是，上一次西班牙在艺术领域取得进展是什么时候？委拉斯开兹？戈雅？我告诉你，巴勃罗，如果我们想当成功的艺术家，我们必须发展出一个独特的流派——艺术圈也承认的流派。"

"哦，像凡·高一样，嗯？"巴勃罗说道，声音很尖，"直到凡·高去世，他们都没认可他的风格。我们的风格自然会随着时间发展而逐渐形成。那不是我们有意识就能追求的。"

"我明白……好吧，必须去一趟巴黎，你才能敞开心扉。你需要其他画家来解放你的思想。这就是他们称巴黎为'城市之光'的原因。"

巴勃罗回过头看着卡洛斯。

"那么，你认为我们怎么才能到那儿，靠我们的长相？"

卡洛斯停下手里的活，把彩笔放下。

"你父亲和我父亲会帮助我们的。如果我们告诉他们我们要去巴黎深造,他们会给我们钱的。"

巴勃罗给自己倒了一杯黑咖啡,挨着卡洛斯坐在小桌边,盯着墙上他母亲画像旁钉着的一张破旧的欧洲地图深思起来。他注意到,清晨明媚的阳光射进窗子,一股微风吹起窗帘。他又看了一眼地图,法国和西班牙的位置被阳光照亮了,就像一封信。

"城市之光,嗯?"他嗫嚅着,"……为什么不去呢?"

第七章
城市之光·1901

巴勃罗研究了他能找到的所有关于巴黎的资料,他发现,在巴黎被称为"时尚之都"以前,它只是个坐落在西岱岛的小村庄,建在塞纳河的两个分支的交界处。随着巴黎的扩大,它逐渐将周围的渔村圈入自己的范围,并最终在"启蒙运动"中赢得了"城市之光"的盛名。巴黎后来被化分成几个区或郡,编号从1到20,按一定的逻辑排列:以中心区为1号,其他区按时钟顺序成涡旋序列。

巴勃罗听说,大多数巴黎人认为"城市之光"并不是指物理上的光源,而是对政治、精神、文化、教育能量的一种诠释。然而,路易十六——那个腐朽的、被称为"太阳王"的专治君主——

因嫌弃巴黎的过度拥挤最终放弃了在巴黎的所有住所,前往凡尔赛沼泽地,建造了新的宫殿。

路易十六统治后期,巴黎进入了"启蒙运动"的辉煌时代——为哲学、社会和政治精英们提供了肥沃的土壤:经验主义、怀疑论、宽容和社会责任,伏尔泰、狄德罗、让·雅克·卢梭及其拥护者们各领风骚。

巴勃罗在几篇关于"法国革命"的文章中发现,十七世纪的历史学家儒勒·米什莱可能是第一个称巴黎为"地球之光"的人,他给大家做了一个非常棒的指引。

在米什莱的有生之年,巴黎发生了翻天覆地的变化,人口增加了一倍多。到十九世纪后半叶,巴黎变成了最刺激、最现代、最受人喜欢的欧洲城市。这也使巴黎成了巴勃罗最想去的地方——一个能让人焕然一新的地方。

巴勃罗觉得从某些方面看,巴黎是适合他的理想城市——一个拿破仑三世设想的完美的乌托邦,后被奥斯曼男爵完美建造的城市。设计虽然随性,但却无可挑剔。巴勃罗读到一本查尔斯·波德莱尔写的《恶之花》,书中写到作者感到了"豪斯曼计划"中的死亡和城市痛苦。查尔斯·波德莱尔在《天鹅》一书中写道:"旧巴黎消失了,人们的适应速度远远赶不上这座城市的变脸速度。"

作为一个军人，奥斯曼的城市计划对于那些相信秩序、统一，喜欢新鲜空气和阳光，讲究卫生的人是完美的。在拿破仑三世的授意下，奥斯曼在不到二十年的时间里拆毁了两万五千多座百年老建筑。曾经混乱的中世纪胡同现在变成了宽阔的林荫大道和种着清一色玫瑰的步行街道。那些能证明这个重建世界的印象派们以及早期的摄影师们本无甚期待，但后来却被这个新颖的城市景观以及看不尽的景点惊呆了。他们试图抓住这种既是物理上又是精神上的改变之光：那是种植在新林荫大道上的树木筛过的光，或是十九世纪六十年代竖立在那些林荫步行道上数以百计的煤气灯投射的光，现代建筑玻璃上反射的光，井喷般到处开设的新式咖啡馆、电影院、火车站内二十四小时亮着的灯光。另外，"启蒙运动"也带给这个新世界的聪明居民以开拓的精神和态度。

十九世纪末在巴黎召开的世界博览会，特别是 1889 年纪念法国大革命一百年并建成埃菲尔铁塔……这一切都好像在预示着一个新的技术进步和科学理性时代的来临。

1889 年，巴黎各个阶层、各个行业的人们聚集在一起，观看埃菲尔铁塔的落成典礼。看到这座当时世界最高的建筑时，他们

惊讶、赞叹、无比兴奋。一万盏煤气灯被点燃，焰火和明亮的照明设施牵引着人们的目光到塔的各个层台。尤其是那一对强力探照灯，安装在984英尺（约300米）高的地方，不断地扫射着城市。

然而，很明显，不是所有的人都为这座高塔、为它的灯光展示或它的代表意义欢欣鼓舞。巴勃罗注意到有些漫画和政治性的卡通画中描绘了散步者在晚上遮住了他们的眼睛，因为巴黎的这座新建筑实在是太过耀眼了。看到一幅卡通画的标题时，巴勃罗不自觉地笑了，那个标题写着：从现在起，人们再想晚上出门散步，都要带上导盲犬了。

时间回到1874年。在到达巴黎之前，巴勃罗还听说过一个名为"画家、雕塑家和版画家的匿名社团"的艺术家新团体，他们打算在巴黎展览，引入一项新的运动，叫"印象主义"。它的创立者包括克劳德·莫奈、埃德加·德加和卡米耶·毕沙罗。这个群体独立于权威的巴黎年度沙龙——沙龙的评审团是由法兰西美术学院里养尊处优的艺术家们组成的，由他们选择要展览的作品，随后将奖牌授予选出来的艺术家。

让巴勃罗感到悲伤的是，这些新生的独立艺术家，尽管以各种方式来绘画，并尽量使他们展示的艺术活动合法化，但保守的评论界仍然不接受他们的作品，认为他们的作品只到素描的程度,并未完成。另外,越来越多的作家们开始称赞独立艺术家们的作品是对现实生活的真实写照。

巴黎作家爱德蒙·杜兰蒂在1876年写的《新绘画》一文中提到:他们对现代物质的诠释是新的突破,他们的风格是一场绘画的新革命。

巴勃罗觉得有件事情很奇怪:每次新展览的主题和风格都不太统一,尽管有些组织最终选择了"印象派"这个名字。然而,通过他们对既定风格的反对,对新技术和理念的创立,以及对现代生活的描述,巴勃罗很快理解了他们作品的含义。

巴勃罗想起了1874年展览的克劳德·莫奈的作品《印象·日出》——这幅作品最终为印象派做了完美的诠释。当时评论家路易斯·勒罗伊指责说,这幅作品只是一个素描或者说是印象中的作品,而不是一个完整的作品。这也说明了当时独立画家采用的多种技巧——用短促、间断的笔触来表现外形,用纯色(无混色)强调光的效果。这些对巴勃罗影响很大。他注意到,印象派画家经常用颜色来强调阴影和高亮,而不单单是素净的白、灰、黑。他们松散的笔触表现出自发性和毫不费力的效果,这掩盖了他们通常精心设计的构图。例如:阿尔弗莱德·西斯莱1878年的作品《鲁弗申的花园小路》,他那看似松散的风格被广为接受,甚至在官方沙龙里都成了一种描绘现代生活的新方式。

巴勃罗立即被吸引进这些新艺术家的革命中，因为除了他们的颠覆性技巧外，这些印象派画家画作的明亮色彩也震惊了那些习惯于看学院派画作沉稳色调的人们。许多独立画家不选择用厚厚的金色漆，因为那会让画作看起来色调温和。他们更喜欢大胆鲜明的色彩。这个过程也展现了艺术家绘画所用合成颜料的发展，他们大胆地应用了其他画家从未使用的蓝、绿、黄等亮色颜料。

巴勃罗还注意到了爱德华·马奈1874年的作品《小船上》：一望无际的天蓝色和合成的深蓝色，描绘了一幅略有日本风格的图景。画面中，时髦的水手和他同伴的形象就是用这些材料和现代的画法来描绘的。

巴黎外围的郊区和乡村的休闲风格画也是巴勃罗和印象派画家们喜欢的主题之一，特别是莫奈和皮埃尔·奥古斯特·雷诺阿。

从城市辐射出的铁路四通八达，旅游变得如此便利，使得巴黎人周末会蜂拥至郊区，许多印象派画家也经常会在乡村住上一年半载。

在这些画家中,毕沙罗比较专注于蓬图瓦兹当地居民的日常生活,而更多的画家却愿意描绘度假者们的乡村时光。

印象派画家描绘的风景画与时俱进地出现了构图、光效和色彩使用方面的创新。巴勃罗很欣赏莫奈特别强调的风景画中的现代性,包括铁路和工厂、挑战工业化的迹象,而这些对于上个时代的巴比松画派的艺术家们来说太不适用了。

其他的印象派画家,如毕沙罗和居斯塔夫·卡耶博特,更注重绘制城市的新面貌,运用他们的创新风格来描绘宽阔的林荫大道、公园及宏伟的建筑。他们中的一些人专注于城市景观,另一些人关注城市居民。

普法战争后的巴黎人口大爆炸给许多新生代艺术家,如印象派画家及后来的巴勃罗,提供了海量的城市生活新景观作为新素材。这些新景观的特点是融合了公共场合中出现的多个社会阶层。德加和卡耶博特聚焦在工作中的人身上,包括工人以及歌者和舞者。其他人,包括贝尔特·莫里索和玛丽·卡萨特专注于描绘特权阶级。

印象派画家描绘的是新型的休闲方式,包括戏剧演出、咖啡厅表演、流行歌曲演唱会和舞蹈表演等。采用一种近似自然主义作家埃米尔·左拉的写法,都市景观画家描绘他们观察到的人物生活的短暂经典片断，这也表明了这些艺术家是如何放弃明确的叙事情感的描写，而采用一种只通过片断的、超然的、客观的表现手法来表达他们的观点。

1874年至1886年间，印象派画家组织了八场展览。在这期间，印象派画家的独立团体拥有了一个流动会员组织，参加的艺术家会员从九名增加到了三十名。

毕沙罗作为岁数最大的会员，是唯一一个参加了全部八场展览的艺术家，莫里索参加了七次。早在1867年，就有人在讨论举办独立画展，但因普法战争而搁浅。画家弗雷德里克·巴齐耶——这个活动的倡导人，也在战争中被杀。随后的展览由不同的艺术家接手举办。

艺术家间的哲学和政治分歧会引起热烈的争论并导致分化，这导致他们的群体经常解体。

参加独立作品展的还有保罗·塞尚和保罗·高更，但他们后期的风格不再是早期的印象派画风。

1886年的最后一次独立作品展见证了先锋派绘画时代的开端。当时，几乎没人用可识别的印象派画风作画，绝大多数老会员都发展出各自新的、独立的画风，这让他们更富有个性，更与众不同。

第七章 城市之光·1901

毕沙罗促成了乔治·修拉和保罗·西涅克的加入,还采用了他们基于纯色点的新技巧——后世称之为新印象派。年轻的高更正在突击原始主义。新生代的象征主义者奥迪隆·雷东也加入其中,尽管他的画风与其他参与者不同。因为团体风格和哲学观点存在分歧,再加上对收入的需求,所以像莫奈和雷诺阿这些核心成员就经常在一些场馆办展览,以便作品更容易地被卖出。

巴勃罗也喜欢钱,对此也很理解。但是多元化的风格和众多的参与者使印象派运动很难定下基调。事实上,这样的生活对他来说就像流光一样扑朔迷离,很难捕捉。尽管如此,巴勃罗已经意识到,印象派的羽翼已经逐渐丰满,这将是一件很有前途的事儿,印象派与现实性的结合成为后来那些包括他自己在内的欧洲先锋艺术家的跳板。

现在,巴勃罗感兴趣的是世界博览会,如果他想出名,就必须在那儿展出作品。作为有着悠久历史传统的,从十九世纪中叶开始就在欧美举办的国际展览之一,1900年在巴黎举办的世界博览会以其在艺术活动上的影响力而让人印象深刻。

因此,当卡洛斯和巴勃罗开始他们的冒险之旅时,他们的朋友杰米·萨瓦特斯已经提前六个月前往巴黎,而巴勃罗也已经津津有味地读完了他能找到的关于这座即将成为他的家的城市的一切资料。或许，他可能在那儿待一段时间，然后再向北去。但是，那里才是艺术真正的发生地，艺术不仅在那儿生存，而且在那儿繁荣。对于未来要发生的事，他既不胆怯，也不恐惧，因为他喜欢挑战。在他的内心深处，他知道那里必将是他功成名就的地方，这一点他从不怀疑。

第八章
坐上火车去巴黎

1901年,一个暮春的夜晚,细雨绵绵,空气潮湿,巴勃罗和卡洛斯坐上了去巴黎的火车。

他们的父母给了他们一点儿钱——仅能买最低档的三等车票。

火车驶入乡间时,他们蜷缩着睡在两个座椅之间,把画架和行李靠在窗户上,用油画挡住早晨明媚的阳光。

砰的一声,法国列车员推开了车厢门,搅扰了他们的美梦。急躁的列车员蹑手蹑脚地走进车厢,带着一脸厌恶的表情,捏着鼻子,到处找空瓶子,收拾垃圾。食物的腐臭味和酒气混合着车上旅客身上的恶臭在空气中弥漫着,几乎让可怜的列车员窒息。

列车员吃力地把窗前一幅大油画挪开,让阳光照射进来,然后用食指尖用力地戳了戳巴勃罗和卡洛斯,企图把他们从不省人事的醉酒状态中唤醒。

"哎呀哎呀……嘿,干吗?"巴勃罗嘟囔着,睁开困倦的眼睛迷糊而茫然地看着列车员,想弄清自己在哪儿。

"Vous des débiles, que vous pensez-vous faites-vous?"(法语:"你白痴呀,你以为你在干什么?")愤怒的列车员怒吼道。

卡洛斯醒了,对这个男人的愤怒语气很迷惑,他转向巴勃罗。巴勃罗眼睛眯着,还处于半梦半醒的状态。

"你说,他想要干什么啊?"

"你问我,我问谁啊?"巴勃罗说,"我们忘了一件事……我们怎么在这儿生存呀?我们都不会说法语!"

"那我们就必须得学了!"卡洛斯微笑道。

但是,愤怒的列车员并没被逗笑,继续用法语大叫着,像看两个傻子似的看着他们。

"Gare Lyon, imbicles! — departe, departe!"(法语:"里昂车站,你们这些傻子!——到站了,到站了!")

"我想,他可能想告诉我们到站了!"巴勃罗说。

"你看,我们已经在学了!"卡洛斯笑道。

列车员厌恶地摇了摇疲惫的脑袋，小声地咒骂着离开了。巴勃罗迅速地收拾了一下行李和衣服准备离开，结果又被瓶子和垃圾绊倒了。

　　里昂火车站有着巨大的高架铁梁和玻璃穹顶，这个1900年为世界博览会建造的火车站，令男孩们眼花缭乱。拥挤、繁华，充斥着过往人群的喧嚣声，随着几辆蒸汽火车的进站和出站，打旋儿的蒸汽像云朵一样从火车的烟囱里喷出。着急赶火车和接送朋友的人，与下火车出站的人混杂在一起。

　　他们的火车缓慢地进入车站的五站台，车头部分的一个标记上写着"巴塞罗那至巴黎，西班牙快车"。当火车车厢停稳后，巴勃罗和卡洛斯打着哈欠，探出窗户，立刻被眼前的景象惊得目瞪口呆、不知所措。

　　走下火车的金属台阶后，他们把棕色的皮包放下，惊奇地看着这些建在火车站旁的巨大建筑物。

　　"我想，这就是传说中的大城市吧。"巴勃罗说。

　　"走吧，你还啥都没看着呢……"

　　一个欢快的戴着红帽子的小个儿挑夫来到他们身旁，他推着一辆吱吱嘎嘎、摇摇晃晃的木车。他看着他们的行李，说了几句简单的法语。又一次,两个男孩互相对视,茫然无措。挑夫轻蔑地看了他们一眼,继续沿着站台走了……

"我想他是想要帮我们。"卡洛斯说。

"我想是的,我敢肯定他得要我们一法郎。那么,现在我们怎么办啊?"巴勃罗说着把他的包扛到了肩上。

就在这时候,卡洛斯注意到了正向他们走过来的一群人,他激动地挥了挥手。

"喂,我们有救了,"卡洛斯说,"我想我看到我认识的人了。"

走过来的一群人很明显是黑皮肤的拉丁语系人,穿着优雅,尤其是领队的那个男人。他叫唐·路易斯·科斯塔,六十多岁,留着一撇长长的胡须,穿着黑色的斗篷,戴着插着羽毛的灰色呢帽,右手捻转着一根带有银色装饰品的拐杖,显得风度翩翩。这些年,唐·路易斯一直在做证券和房地产生意,相当富裕。

"唐·路易斯,真的是你吗?好久不见啊!"卡洛斯惊叹道。

唐·路易斯上下打量着他,笑着拥抱了他并亲了他的脸颊。

"是的,是我。我们一直在找你们俩呢,我亲爱的卡洛斯。"

"你怎么知道我要来?"

"你父亲写信给我,让我照顾你们。他希望你能过得好一点儿。"

卡洛斯转向巴勃罗,"这是我叔叔唐·路易斯,我已经好多年没见过他了。"

巴勃罗热情地握了握卡洛斯叔叔的手。

"来吧!"唐·路易斯说,"我们会找回那些错过的时光的。我先把你们安顿好,然后再给你们介绍几个漂亮的巴黎女孩,怎么样?"

他叫住另外一个过路的挑夫,让挑夫扛走他们的行李。然后,他们一边热情地聊着天,一边走下拥挤的站台。

第九章
巴黎生活

在去唐·路易斯家的马车上,唐·路易斯给两个男孩介绍说,巴黎作为旅游胜地差不多有两千年了,古代的高卢部落、依其名字命名这个城市的巴黎希人,以及强大的尤利乌斯大帝的军队,把它变成了一座繁华的罗马式的城市,并命名为鲁特西亚。

唐·路易斯告诉他们说,巴黎建在西岱岛上,在一个水路与陆路的交叉口。西岱岛是一个天然的防御堡垒。河上有一个交叉点,那交叉点将高卢分成两部分。

其实,对于这些,巴勃罗早就做过功课了。卡洛斯对此感到有些无聊,而对路边散步的女士们却非常感兴趣。唐·路易斯仍在讲述巴黎的历史。

在第二铁器时代，凯尔特人居住在此地，巴黎希人好像在公元前三世纪中叶就已经定居在这个岛上。后来，恺撒在公元前53年组建了军队。罗马人在左岸的山头上建造了一个新的城镇。但在公元三世纪末，日耳曼人入侵，劫掠了这座城市。

罗马帝国没落后，法国国王因同样的原因定居在这座岛上。塞纳河不仅成为一条天然的护城河，也提供了交通运输的便利。随着贸易的繁荣，人口增长了，城市也变得拥挤、肮脏、混乱不堪。

最后，国王决定搬去右岸的一个新地方，并在那儿建立了卢浮宫。从五世纪到十七世纪，卢浮宫都是法国的政治中心，但西岱岛仍主导着法兰西帝国的精神生活，这集中体现在巴黎圣母院大教堂。

随着城市继续扩大，河的两岸都开始扩张建设。右岸变成了商业中心，左岸因巴黎大学和高等专科学院变成了文化中心。巴黎大学周边的地区被命名为"拉丁区"，这是因为中世纪时期拉丁语是大学的主修语言，每个人都会说拉丁语。

后来，在拿破仑三世统治时期，奥斯曼男爵做了他美化城市的大胆计划：在宽阔的林荫大道和人行道上建起六七层的白色石头建筑来替代简陋的小房子,并建设了美丽的公园,开辟了开阔的空地。就这样,巴黎变成了一个别致的、新型的文化艺术中心。

唐·路易斯的豪华别墅在香榭丽舍大街——一个上流社会的高档社区,离刚刚建成的埃菲尔铁塔不远。令人印象深刻的长廊从协和广场延伸到举世闻名的雄伟的凯旋门遗址,在它的西端排列着古色古香的咖啡馆和形状、规模不一的蔬菜市场,其中混杂着卖各种小商品的商店。

协和广场周边是宽阔的香榭丽舍——一个有喷泉和唯美雕塑的令人愉悦的花园。它周边的建筑有位于东部的巴黎大小皇宫和位于北部的巴黎爱丽舍宫——法国总统曾在那儿居住过。

在唐·路易斯的豪华别墅里,在一个有高高的壁炉的装饰奢华的客厅内,正在举行一场野性十足的波西米亚酒会。为了营造出一种氛围,煤气灯被调得很暗, 受邀的和非正式的客人在这种轻松惬意的气氛中三三两两地或坐或站。各种香水的气味弥漫在房间中。唐·路易斯一边招呼着一对年轻人,一边和大家说着隐喻的笑话,引得他那些痴迷的听众一阵欢笑。

这时,一个音乐家用吉他弹奏起西班牙民谣,一位年老、羸弱、头发灰白的诗人开始伤感地背诵起诗句,周围的人们认真地听着。

房间的后部,在一离沙龙主会场稍远的地方,有一对年轻人正蜷卧在一张大维多利亚沙发里,他们旁边的一个年轻人用碳素笔画着一个诗人的素描。巴勃罗和卡洛斯站在房间中间,瞪大了眼睛四处张望,就像一对正在看马戏团表演的孩子。

"我要是知道我叔叔唐·路易斯过着这样的生活,我早就来了!"卡洛斯惊叹道,"……看,那女的太漂亮了!想想吧,我们还把时间浪费在吉卜赛野妞身上!"

"不要那么快就下判断,卡洛斯,你怎么知道那美丽的面具之下隐藏着什么?对我来说,我宁可随时接受一个野性的、肆意而朴实的吉卜赛女郎的拥抱。"巴勃罗将宽敞的房间扫视了一圈。那一刻,透过烟雾,他看到他的朋友杰米·萨瓦特斯正与一个年轻、美丽的姑娘聊天。他聊得全神贯注,以至于他都没注意到巴勃罗和紧随其后的卡洛斯正穿过拥挤的房间朝他走来。

"哈,我得说在这儿发现你一点儿也不奇怪,你总是爱凑热闹。你怎么样啊,我任性的老朋友?"

杰米听到熟悉的声音,飞快地转过身来。"兄弟们,欢迎啊!我没想到你们会来!"

"哦,我想你认识我的叔叔唐·路易斯吧。我从小就没怎么见过他。"卡洛斯说,"是他来火车站接的我们,把我们带到这儿来了。你认识他很久了吗?"

"没有。事实上,刚刚认识。"杰米谨慎地说,"唐开的晚会都很棒,我每次都不失时机地前来拜访。你认为我们的'城市之光'如何?"

卡洛斯扫了一眼晚会上那些可人的女孩:"超!级!赞!……"

"那么,你在这儿有什么计划?"

"当然是画画了。"巴勃罗说。

杰米拿出石楠烟斗,点上,空气中立即充满了令人兴奋的异国烟草香味。

"你要知道,巴黎到处都是有抱负的年轻艺术家,如果你们幸运的话……"

"我们不需要幸运,因为你知道,我们都是优秀的画家,应该能轻而易举地进入艺术馆。"卡洛斯吹嘘道。

杰米被他的豪言壮语逗乐了。

"小兄弟卡洛斯。那么,你要画什么呢?"

"街道、女人,任何能引起我兴趣的东西!"

"依我看,多半是女人吧!"巴勃罗叹气道。

他们大笑起来,杰米随意地将烟斗递给卡洛斯。卡洛斯十分好奇地把玩着。

卡洛斯转向杰米:"杰米,这段日子,你都做什么了?"

"我就是没日没夜地写作,但是很不幸,作品至今还未发表,不过至少我努力了。"

"那么,等我们有名了,你以后就可以写我们了!"

"你们太过自信了吧?好吧,如果我真的写你们,我会给自我膨胀的你们写一封热情洋溢的推荐信的。"

"好的,就这么说定了,杰米。"巴勃罗笑道。

主场的诗朗诵结束了,沉闷的掌声响了起来。人们正在思忖着是否离开,吉他手在后台弹了一个欢快的弗拉明戈音符。

之前与杰米聊天的那个引人注目的年轻金发女孩漫步到他们这边。

"游吟诗人太棒了,是不是,杰米?"她夸张地说,面颊有些潮红。

"不好意思,亲爱的,我没听全诗朗诵。"

姑娘饶有兴趣地转向巴勃罗和卡洛斯,好奇地上下打量着他们,她光滑的前额微微皱了皱。

"给我介绍一下你的新朋友吧！"

"这是卡洛斯·卡萨吉玛斯，唐·路易斯的侄子，这是他的朋友巴勃罗·毕加索。确切地说，他们不是新朋友。哈，事实上，我认识他们很久了。"他笑道，"一对有抱负的艺术家，这是他们第一次来巴黎。"

卡洛斯用肘推了推杰米，让他也介绍一下这位女孩。

"啊，是的，先生们，这位年轻而美丽的女士是安娜·福兰小姐。"

安娜很妩媚地行了一个屈膝礼。

"别听杰米胡说，他最喜欢吹牛了——我怎么觉得你们的名字听起来很熟啊？"

卡洛斯鞠了一躬，像个真正的绅士一样亲了一下她的手背。

"难道是我们生来就注定出名？"卡洛斯说道。

"我希望这一天快点来。巴黎现在到处都是颓废的艺术家，没有什么比这更糟的了。"

杰米偷偷地给安娜递了个眼色——男孩们充满热情，不要打击他们的美梦啦。

"我只能祝福他们了。我希望我们能快点带他们领略一下我们美丽的城市景观。你们两个今晚住哪儿啊？"

"我叔叔在克利希林荫道给我们找了一间小画室。"

"好的,那么我们明早来接你们,十点钟可以吗?"

卡洛斯看着巴勃罗,问:"兄弟,你觉得如何?愿意和我们一起吗?"

"当然可以,一言为定。"巴勃罗答道。

"好的,那就这样定了。"安娜说,"我们先带你们去看卢浮宫画展吧。"

"全部看完可能需要几个星期呢!"杰米轻笑道,挽起了安娜的手臂。这时,唐·路易斯向他们走过来。

"我亲爱的侄子,"唐·路易斯说,"看来你是遇到朋友了,让他们带你俩好好逛逛。"

"都安排好了,"安娜说,"我们在说明天带他们去卢浮宫的事儿呢。"

杰米摇了摇头,笑道:"然后可能去拉丁区休息一会儿,再来杯烈性酒。"

卡洛斯的眼神自始至终都没离开过安娜,他从来没见过这么漂亮的女人——像海洋一样深蓝的眼睛,向日葵一样颜色的头发……

"好了,先生们,"安娜的话打断了卡洛斯的想入非非,"我现在必须回去了——杰米,送我回家好吗?"

杰米捏起帽子，又挽起她的胳臂，说道："回头见，我的兄弟们。"

唐·路易斯能看出来卡洛斯有些难舍，亲切地捶了一下他的肩膀。

"杰米是个好孩子。但是这个女孩……我觉得有些麻烦。不过，我希望你们在这儿过得开心，好好参观一下这座城市……玩得尽兴！"

"别担心，唐·路易斯，我会在这儿看着我这位多情的朋友的，不出一周，他又会爱上别人的。"巴勃罗眨眨眼说，"以前他就这样，我可以保证这回也不例外。"

第十章
卢浮宫

第二天清早,四个年轻人漫步走下塞纳河右岸繁忙的里沃利街,将一路上通往卢浮宫的风景尽收眼底。他们在一间可俯视河景的室外咖啡馆停下,吃了一份简便的早餐——冒着热气、加了牛奶的咖啡,新鲜的、抹着黄油的烤面包,以及各种自制的奶酪和果酱。

他们一边看着熙熙攘攘、川流不息的巴黎人去上班或购物,开始一天的忙碌,一边轻松、随意地聊着天,尽情地享受着无忧无虑的时光。

卡洛斯今天起得很早,梳洗打扮,像个女人一样将屈指可数的几件衣服从壁橱里拿出来,"我是应该戴这条红色的领带,还是这条蓝色的?是穿这件细条纹的裤子,还是这件深蓝色的?

巴勃罗，你觉得怎么样？是戴这顶圆顶高帽，还是这顶俏皮的贝雷帽？"

巴勃罗睡眼惺忪地抱怨道："卡洛斯，你也太早了吧！你为什么不简单一点儿，直接光屁股去，那样所有的女孩都会觉得兴奋的。"

"我想给安娜留下好印象，你就会说笑话！没关系，我想好了——就穿细条纹裤、浅蓝色衬衫，戴红色领结。太棒了！"

巴勃罗叹气道："感谢上帝！卡洛斯，拜托，别喷香水，你身上的气味像我最后碰的那个妓女身上的气味。"

巴勃罗一边喝着咖啡，一边看着他的朋友和一个法国女孩闲聊，心想，我得看着他点儿。

巴黎卢浮宫收藏着世界上最令人震惊的艺术品，是世界一流的艺术博物馆。当然，这些建筑群也是将近七百年里法国国王们最主要的居所。

巴黎卢浮宫于1190年由菲利浦·奥古斯国王号召建造，最初是作为防御堡垒而存在的。到十四世纪，它变成了偶尔作为皇室行宫的令人赏心悦目的住所。一些法国君主——弗朗索瓦一世、亨利四世和路易十四先后住在卢浮宫。直至官邸搬到凡尔赛，法

第十章　卢浮宫

国君主才对卢浮宫失去兴趣。

1793年,卢浮宫最终变成了博物馆,从此用于保存和收藏成千上万的人类文化艺术作品。

拿破仑三世通过在塞纳河畔建造丹农长廊(丹农侧翼)完成了巴黎杜伊勒里宫和巴黎卢浮宫的统一,并在里沃利大街完成了黎塞留侧翼。1871年,巴黎杜伊勒里宫被烧毁。从那时起,卢浮宫向巴黎西部展现出了最完美的形象。

沿着进入卢浮宫的大街,有一排邋遢的乞丐睡在街旁临时搭建的纸板小屋里。有一个面容憔悴、白发苍苍的吉他手,用一根破旧的绳子把他的宝贝系在自己瘦骨嶙峋的肩膀上,靠着一根坚固的橡树枝做的拐杖站着。他将颤抖的手伸向安娜,她转过头去,冷若冰霜,对其视而不见。乞丐并不在乎这样的侮辱,这些不幸的人已经习惯了路人的歧视和咒骂,老人又转向巴勃罗,巴勃罗把手伸进口袋,掏出一个铜板给了老人。

"傻啊你!"安娜责骂道,"我们必须教你这里的规则,别惯坏了他们!"

巴勃罗难以置信地看着她:"惯坏?——你在开玩笑吗?可能这个老人对这个世界的了解,比你给他的信任要多得多!"

她耸耸肩,拉着巴勃罗的手往前走了几步。

"你不可能走到哪儿就给到哪儿,你能把铜板给遍巴黎每个要饭的吗?"

"你用的词很有趣,好像他们不是人似的。"

卡洛斯听着他们的谈话,赞同道:"也许安娜是对的,巴勃罗,你不可能帮到每个乞丐。他们可是不计其数的。"

巴勃罗放开她的手,很生气地说:"这个世上有太多的穷人,为什么我不能在有能力的时候帮助他们呢?"

安娜冷笑道:"好吧,希望你不会觉得无聊。"

巴勃罗看着她漂亮但紧绷的脸,开始慢慢理解,为什么唐·路易斯说她有些麻烦了。安娜把她的裙子轻轻提起,向前跟卡洛斯并排走了。

在卢浮宫的入口,巴勃罗和卡洛斯震惊于这座巨大建筑物的规模。这座博物馆的大部分建筑承袭着一种法国文艺复兴风格。随着皇家收藏的增加,卢浮宫被扩建,亨利四世统治时期完成了大型画廊的建造。1624年,路易十三采用雅克·勒梅西埃的方案,再次扩建了卢浮宫。

1667年,克洛德·佩罗设计了壮观的东部建筑群。整个十七世纪，卢浮宫的建筑群都在不断增加。这段时期增加的标志性建筑物主要是荷兰和法兰西艺术家的杰作。

1725年，法国绘画雕塑学院在卢浮宫的卡雷沙龙举办了一场伟大的艺术展，自此，这所位于卢浮宫的学院每年都会在此举办沙龙展览。

杰米买了门票，带着他们通过第一走廊进入文艺复兴绘画展室。在这个大展室里，一个导游正在给他带领的一小群人解释众多画家和他们的作品。

继续向前，进入一个大厅，里面挂满了十五世纪配着镀金画框的画作，看得巴勃罗和卡洛斯惊叹不已，这里的大部分作品他们只在书上见过或听说过。他们兴奋地交谈着，声音在悠长、宽敞的大厅里回响。

杰米带领着巴勃罗和卡洛斯转入建筑的另一翼："西班牙画作就在这一侧，据说这是世界上最好的收藏之一。"

他们进入了一间头顶开着明亮顶窗的展厅，然后他们发现自己被巨大的油画包围了。"委拉斯开兹、戈雅、冈萨雷斯……"巴勃罗大声叫出来，指出一个个画家的名字，"但是，只有委拉斯开兹才是真正的大师！"

巴勃罗看着周围盯着他的人说:"迭戈·罗德里格斯·德席尔瓦·委拉斯开兹可能是有史以来最伟大的画家,也是艺术史上留下大作最多的画家。"

"委拉斯开兹是我国最杰出、最著名的艺术家之一,是唯一的现实主义大师。他的能力——抓住事物的本质特征,并把它们用少许粗犷、准确的线条表现在画布上——无人能及。他画的人物都好像有呼吸一样!"巴勃罗说,"他画的马也充满生机和活力。他是'画家中的画家'!

"他影响了弗朗西斯科·德·戈雅、卡米耶·柯罗、居斯塔夫·库尔贝和爱德华·马奈……以及随后的一批伟大画家。"

卡洛斯深深震撼于巴勃罗对于委拉斯开兹的深入了解。"你对画家了解得太透彻了!"杰米赞扬道。

"委拉斯开兹是我见过的最好的画家,画技返璞归真、登峰造极!"巴勃罗开心地说。

"但是,有一个画家,我没看到。"卡洛斯环视着房间说。

"是谁?"杰米问。

"埃尔·格列柯……"

"埃尔·格列柯?那是谁?"安娜问道,看起来并不感兴趣。

"他是一位伟大的希腊画家,1577 年搬到西班牙托莱多,"卡洛斯告诉她,"他的真名是多米尼克斯·希奥托科普罗斯。"

"埃尔·格列柯在马拉加非常有名,"巴勃罗补充说,"他是真正的第一代印象派画家,你可以通过他的绘画笔触看出来。"

"埃尔·格列柯是1541年出生在克里特岛的。"卡洛斯说,"他名字的真正含义是'希腊',直接指向他的祖先。人们对他的早期生活和教育知之甚少,但从他后来的作品中可以很明显地看出他受当时拜占庭后期风格的影响很深。25岁时,他去了威尼斯,在文艺复兴高潮时期的大师提香和丁托列托的门下学习。"

"上帝呀,你从哪里了解到这些的?"安娜脸上带着疑问的神情。

"还有更多呢。"卡洛斯连连大笑道。

"那你接着说呀。"安娜几乎不相信,逗着他说。

"你喜欢我的长篇大论吗?"

"是的,真的很棒。不过,我的上帝,你说得已经够多了……"安娜说。

巴勃罗摇摇头,把注意力转向杰米。

"可能就是在这里,印象派画家发现了埃尔·格列柯,但又不想承认从他那里得到了灵感?"

"的确,你是对的,但这对于这样一个拥有印象派艺术桂冠的城市来说不也是一种讽刺吗？"杰米说道。

"我听说直到十九世纪九十年代，艺术学院派才最终接受了印象派。"

"我的天，用了那么长的时间啊！"卡洛斯说。

"我想主流力量一直在打压吧。"杰米答道，"他们害怕新思想。"

安娜耸耸肩："我听说他们认为印象派画家正在毁灭传统的风格主义画风。"

卡洛斯垂着头，大失所望："谁还能从狡猾的评论家和虚伪的艺术当权派那里期待些什么呢？"

他们继续向前，走过了西班牙展厅，偶尔停下来欣赏不同的画作。有一次，卡洛斯不经意地将他的胳膊轻轻地搭在安娜的肩上，脸贴着脸，指着一幅又一幅画做讲解。她看着他深棕色的眼睛，好像很喜欢他的亲密陪伴和不加掩饰的情感流露。

卡洛斯靠近她，闻着她醉人的芬芳，在她的耳畔低声呢喃："现在，像你这样可爱的女生，夜晚是怎么度过的？"

"我想我们来这儿不是看画的吗？"

"是的，但是我忍不住看你。"

她对他含情脉脉地微笑："你的甜言蜜语不要随便讲哟，

亲爱的。"

他们继续向前，走入大厅，声音渐渐飘远，在远处形成回声。

巴勃罗停下来，看着他们消失在拐角处，摇了摇头。

第十一章
徜徉在塞纳河畔

一间拥挤嘈杂的酒吧里,巴勃罗和卡洛斯坐在一张点着蜡烛的小小的桌旁喝苦艾酒,他们的酒杯上放了一个金属板架,板架上有块用火柴点着了的小方糖。这时候,他们身侧的一个升起的平台上有两个充满激情的丰满的女人在表演康康舞。

巴勃罗正在画舞者,这时卡洛斯碰了一下他的胳臂,"你知道吗?老兄,我很担心你。"

"为什么?"他瞥了他一眼,继续画。

"如果你一直把画送给妓女,就为了跟她们上床,那你要怎样才能赚钱呢?"

巴勃罗笑笑:"哈!它们只是素描,不值钱……男人也是有

需求的嘛。"

"好吧,我觉得你应该认真点儿,你都不知道也许有一天它们就值钱了。"

"管好你自己的事吧,卡洛斯,我的事不用你操心,好吗?"

"好吧,你别生气啊。"

"不是生气,兄弟,你实际点儿吧,男人有女人能满足需要就好了。"

卡洛斯知道该改变话题了。

"我真的很喜欢安娜,"卡洛斯说,"她是真正的淑女,我想她家里应该也挺有钱的。"

巴勃罗不喜欢卡洛斯所说的话,"冷静点儿,兄弟,你们才刚见面。"

卡洛斯满面微笑,他注意到了巴勃罗拉长的脸,"啊哈,你嫉妒了,是吗?"

巴勃罗喝了一大口酒,用手背擦了擦嘴,"反正就是要注意点儿,我就说这些。"

当康康舞者表演完后,狭长拥挤的酒吧另一端爆发出一阵喧闹和叫喊声。

巴勃罗看过去,注意到酒吧另一头一个喝醉的年轻人。他长相俊美，二十多岁的样子，但有点儿谢顶，穿着三件套，系着领带，正在与另一个人激烈地争吵着。这个喝醉酒的人就是作家麦克斯·雅各布。

麦克斯有犹太背景，信仰基督教，后又皈依了天主教。让他失望的是，他的新信仰并不能解除他对同性恋的渴望。关于这一点，他曾说："如果天堂见证我的悔恨，它会原谅我。"他因酗酒而臭名昭著。据他自己所说，他加入蒙帕纳斯的艺术社区是件见不得人的丑事儿。

麦克斯·雅各布对着邻座的一个摇摇欲坠的醉酒顾客叫嚷。

康康舞者跺着脚离开了舞台，她被麦克斯的大叫大嚷惹恼了。

"你对我们的政府了解多少？"麦克斯发着脾气，"我告诉你，法国正在变成一个警察国家！"

远处一个酒吧的老顾客对他喊道："嘿，坐下，闭嘴吧，你个大喇叭！"

麦克斯被激怒了。

"我为什么要浪费我的时间，你们这些愚蠢的人知道吗？公民们，你们知道吗？政府让我们处于永恒的战争状态，因为它能一直让人们忙于为更多的武器纳税。这是恶性循环，你们能明白吗?"

"如果你不喜欢,那就离开法国呀。"挨着他的醉汉口齿不清地说道。

"这正是我想对你说的,也正是政府想要我们做的。"

蓄着浓密短须的笨重的酒保走向麦克斯,他知道,到了该出手的时候了。

"麦克斯,别再打扰我的顾客了。"

"好的,好的。但是,你看不到吗?公众在我们的眼前腐化了,"他说着擦了一下嘴上的酒,"我不能再袖手旁观了。"

麦克斯愤然离开吧台,向另一端移动,离巴勃罗更近了。

巴勃罗看着他找了一把椅子,然后说道:"我想很多国家都一样,那些腐败的政客以爱国主义和国家安全为名义,让我们一直处于战争中。"

麦克斯看着巴勃罗,松了一口气,以为他找到了一个志趣相投的人。

"感谢上帝,终于有人开口了。我是个作家,我觉得就是这样的。"

"如果你是作家,那么就让大家通过出版的力量了解你的言论。"

"我努力过了，但是，我现在已经被列入出版社的黑名单了。"

"感谢上帝，我们是画家！"

卡洛斯叹气道："我们没有类似的问题。"

麦克斯看着他，好像在看疯子。

"真的吗？……你没看到他们说新兴画家正在毁坏传统吗？"

"我听过他们这样说印象派画家。"卡洛斯回答说。

麦克斯移向前，坐在他们旁边的座位上，一边说着，一边挥舞着他修长的手。

"你们看不到吗？法兰西正在走向毁灭。怀疑新思想……在外国发起愚蠢的战争，就像现在这样，他们正在鼓动德国参战。他们会给它起一个花哨的名字，比如，'伟大战争'或者类似的愚蠢名字。"

巴勃罗并没有回应。

巴勃罗招呼侍者过来："再给这位来一杯酒。"

"不好意思，酒保说拒绝招待他了，"侍者有点儿恼怒，"他喝太多了。"

麦克斯跳了起来，整理了一下领带，愤怒道："你怎么敢这么说话。攻击我人格的事，我是不会忍受的。"

他要扇侍者一个耳光，但没扇到，离鼻子就差一点儿。然后，侍者反击回来，正中麦克斯下巴。麦克斯被打倒了，椅子也翻了。

巴勃罗和卡洛斯把麦克斯从地上扶到一把椅子上。

"带他离开这儿，"酒保大叫道，"要不我们就把他丢到后巷去。"

"但我们刚刚遇到他！"卡洛斯抗议道。酒保不予理睬，转身走了。

巴勃罗靠近麦克斯，轻轻地拍着他的脸，想让他清醒，但是没有用。

"我想我们得把他带回画室睡了。"巴勃罗建议道。

他们对看了一眼，然后把麦克斯笨重的身体抬到巴勃罗结实的肩膀上，巴勃罗把他扛了出去。

第十二章
画　室

巴勃罗站在画架旁，专心地画画。他光着脚，穿着一件洗旧的、宽松的白色棉布裤子，裤腿挽了起来，上身穿了一件有些破旧、沾了颜料的衬衫。

他们的新伙伴麦克斯·雅各布蜷缩着身子，衣服褶皱，躺在小画室中间的一个沙发上。

麦克斯缓缓地醒了过来，双手抱着仍然嗡嗡作响的头，他注意到巴勃罗正在画画。他痛苦地站起来，摇晃着走向巴勃罗。

"我的朋友，你今天感觉怎么样？"巴勃罗说话的时候背对着他，不停地画着，没有错过画布上的任何一笔。

"我觉得我的头要炸了。"麦克斯叹气道，想找个脸盆洗洗他那憔悴的脸。

巴勃罗大笑起来,继续画画。

麦克斯走到巴勃罗身后,瞟了一眼他的画作。

"什么,你在画小矮人?"麦克斯说。

"你很善于观察嘛。"

"我想这个主题不重要。我知道你要做什么……"

巴勃罗顿了顿,好奇地看着他,然后继续画,"那么,我要做什么?"

"跟主题无关。你在融合风格主义和印象派,还有一点儿野兽派。你的作品主要是柔和的蓝色色调,而不是丰富多彩的色调。"

"很对。你的头怎样了?"

"挺难受啊,不过,也许过一会儿会好的。"麦克斯说着四处打量起来,"你这儿有茶或咖啡吗?"

"抱歉,我们都揭不开锅了……买不起啊。"

麦克斯又回头看了看画布,惊讶于巴勃罗画画的高效。他的大手上下翻飞,像古典管弦乐队指挥在指挥一场神奇的交响乐一样运用着颜料。麦克斯来到房间一侧,看着巴勃罗的画作成堆地堆靠在墙边。

"我的老天,这都是你画的?"

第十二章 画室

"大概是在过去两年中画的……"

"这些画,你都没展出过吗?"

"没人想要啊。"

"我有个朋友,"麦克斯兴奋地说,"他有一间小型但很有名的画廊,我想你应该见见他。"

"听起来不错,不过我想你可能要浪费时间了。"

"但他代理过马蒂斯、毕沙罗……"

巴勃罗把笔刷放下,开始用一块布擦手,"你说你认识这个经销商?"

"让我看看你最好的作品。"麦克斯敦促道。

巴勃罗把他的调色板放下,两个人一起走向墙边成堆的画作。

这时,卡洛斯像浮在云上一样从前门飘进。他双手环抱,欣喜若狂地跳着舞进了房间。

"安娜和我今天要去野餐!"他兴高采烈地说。

但巴勃罗和麦克斯并没有留意他,他们还在挑画,把挑出来的放在另一边。

"你们在听我说吗?"卡洛斯又说了一遍,想引起他们的注意,"我约她了,她说她会来。"

他注意到他们在翻找画,"你们拿这些画做什么?"

"赚点儿钱,混口饭吃。"巴勃罗咕哝着。

麦克斯转向卡洛斯,笑道:"无论如何,我们都该去试试。"

"好极了。但是,现在我必须去见安娜。我想我们很快就会结婚的。"

巴勃罗停下手上的事,转向他,恼怒道:"醒醒吧,卡洛斯,你配不上她。"

但是,卡洛斯听不进去。"胡说八道!"他说,"我现在就要出发了。今晚九点,塞纳咖啡馆,我请你们。"

卡洛斯离开了,巴勃罗和麦克斯开始用绳把挑出的画作绑在一起。

第十三章
沃拉赫的沙龙

安布鲁瓦兹·沃拉赫是一位精明的法国艺术品经销商、收藏家和出版商,并以其对巴黎学派的领先艺术家的早期认可和赞助而著称,他为凡·高、塞尚和马蒂斯举办过各自的首届个人画展。当这些注定声名鹊起的艺术家的作品无人问津时,他还做过很多小规模,但获利丰厚的投资。他经年累月地收集他们的作品,不急不缓地卖给热心的收藏家和经销商,因此获得了巨额利润。

沃拉赫在他的事业初期,还对印刷艺术品颇有兴趣。他在1896年到1899年间印刷的相册《画家辞典》和1900年印刷的《平行线》中收录了当时法国主要的艺术大师的大部分作品。后来，他专注于精装本的印刷，其中包括雷东、鲁奥的原作及其他被收藏家们赞誉的作品。

巴勃罗和麦克斯进入沃拉赫狭小的、塞得满满当当的画廊，触手可及之处都是成堆的画作。他们遇到一位六十多岁、面色不善的老妇人，她的头发绑成一个蓬乱的髻。他们进来时，她好奇地看着他们；他们经过她的办公桌时，她伸手拦住了他们，不让他们进入。她小心翼翼地看着他们，势利又冷漠，好像他们是一堆地上的垃圾。

"不好意思，"她冷笑道，"你们有事吗？"

麦克斯看着曲折向上的楼梯。

"沃拉赫先生在吗？"

"你们预约了吗？"

"没有，但是……"

她打断了他："他说他不想被打扰。"

麦克斯瞪着她，想要发怒。巴勃罗察觉到后，赶紧把手放在麦克斯的手臂上，让他克制一下。

"我们走，麦克斯……显然我们在这儿不受待见。"

"这个老八婆……我们哪儿都不去。"麦克斯瞪着那个妇人

第十三章 沃拉赫的沙龙

说。麦克斯从巴勃罗那儿拿过三幅画,闪电般越过老妇人,飞奔上楼去了。这让巴勃罗都看傻了。老妇人在后面追他,但麦克斯一转身,挥出一拳。老妇人被打下楼梯,滚到窗边,开始大声叫喊起来。

"救命,警察!抓住他——救命!"

街上的人都转头看向窗子的方向,想知道发生了什么事。一个经过的警察看见了她,走过来要调查此事。警察来到大门口时,她正在咆哮。

"快,他上楼梯了,去了沃拉赫先生的办公室。抓住他!"她尖叫着。然后,她指着巴勃罗:"还有这个,这人是和那人一起来的。别让他走了!"

巴勃罗紧张地大口喘着气,警察牢牢地抓住他的手臂,带着他上楼,去了沃拉赫的办公室。

"进个门就这么多事,"巴勃罗想,"我只是想展示我的画,麦克斯太能添乱了!"

在沃拉赫奢华的橡木办公室门外,有个铜牌,上面写着"策展人安布鲁瓦兹·沃拉赫"。警察敲了敲门,然后走了进去,手还抓着巴勃罗的手臂。

安布鲁瓦兹·沃拉赫年近六十的样子,长相精明,穿着考究,灰色胡须修剪得整整齐齐,戴着一副金属镶框眼镜,坐在书桌后,正在同麦克斯讨论着一溜排开摆在桌上的画作。

这时,两人都抬起头来,惊诧于警察的突然闯入。

"警官,有事吗?"

"楼下的女人说这儿有麻烦。您认识这个人吗?"说着,他把巴勃罗推向前面。

就在这时,那个疲惫的老妇人出现在了门口,上气不接下气地对着麦克斯挥舞着拳头。

沃拉赫有些不解地看着她:"干什么呢,你个傻女人?"

"她不让我过来。"麦克斯抱怨道。

"亲爱的,我想你可能过于敏感了,"沃拉赫说,"麦克斯·雅各布是我的老朋友。"

"但是,他们没预约。我很抱歉,我……"

警察摇了摇头,放开巴勃罗,离开了。

此时,沃拉赫对他反应过度的老妇人已经相当反感了,"爱丽丝,今天的班就上到这儿吧,回家休息吧,你今天够累啦。"

可怜的女人点点头,尴尬地低着头离开了。沃拉赫将注意力重新转回到麦克斯和巴勃罗身上。

"那么，这位就是你说的年轻人喽？"

"是的，这位是巴勃罗·毕加索。"麦克斯扬扬得意地介绍道。

"我对你的作品印象深刻。还有吗？"

"是的，还有几幅。"巴勃罗说。

"你愿意帮他办展览吗，沃拉赫？"

"哦，我先得看看他的作品是否能卖出去——我有些老客户，我先看看他们怎么说。"

"您的分成是……"巴勃罗问道。

"三七分，你三我七。"沃拉赫笑道。

"麦克斯跟我说你是大艺术家赞助商，"巴勃罗说，"三七分太少了点儿吧？"

"你默默无闻，这有风险，巴勃罗先生。我必须向我的客户推销你，那需要时间和金钱。"

麦克斯看着巴勃罗："同意吧，巴勃罗，这只是开始。"

沃拉赫看着巴勃罗，等着他的回答。

这是两种意志的较量，谁都不愿让步。

"好吧，四六分。"巴勃罗坚决地说。

沃拉赫大笑着伸出手，因达成一致要同巴勃罗握手。巴勃罗微笑着伸出手，握住了他的手。

第十四章
安娜的问题

第二天，当巴勃罗正在画架前专心画一幅 100 厘米 ×150 厘米的画时，安娜悄悄地从前门走了进来，看着他。巴勃罗听到她进来，转过头看着她，思忖着她来干什么。

她不在意，脱下外套，露出她性感的黑色丝绸内衣。

巴勃罗看了她一眼，又转过身干活去了。

"卡洛斯在哪儿？"她问。

"我想你能帮我找到他，"她用一种低沉的、性感的声音说，"顺便说一句，他告诉我安布鲁瓦兹·沃拉赫看了你的作品。"

"他会帮我办个展览，就这样。"

"看来你要跻身上流社会了。"

"对你来说,是这样吗?"

她靠近巴勃罗,从他的肩头望向他正在画的画。她靠过去,身体抵在他的后背上,用她细长的手指抚摸着他的头发。

巴勃罗有些厌恶地把她推开。

"你和卡洛斯怎么样,处得好吗?"

"不错,"她笑道,"他很有趣。但他就是个大男孩儿。"

"……一个爱你的男人。"

"别扯了,我根本就没看上他。他话太多,总说些颠三倒四的事儿。"

她站在巴勃罗的画架前,突然把内衣脱了,完全赤裸地站在他面前。巴勃罗摇摇头,觉得好笑。

"你会画我吗,巴勃罗?你不想让我做你的模特吗?难道你能找到像我这么漂亮的模特吗?"

"你在做什么?相信我,你和我是不适合的,傻姑娘,而且,还有卡洛斯。"

"不必担心他,他在唐·路易斯那儿。他们会一直玩牌、喝酒,没四个小时回不来的。"

她往前走,巴勃罗慢慢转回身,直直地看着她,用他有力的臂膀把她抱起来。无瑕、雪白的皮肤和清澈的蓝眼睛都在诱惑、挑逗着他,她对此充满信心。他上前一步,把她的头梳从头上拿下来,轻轻地捋了一下她那垂落下来的金色发丝。他把她头发别过去,看着她性感的、蜜糖般的皮肤。他把她拉过来,她身上传来的味道很好闻,是薰衣草或是紫罗兰吧?

"那么,你想要一个真正的男人,嗯?好的,来吧。"

没等她回答,他就把她抱到了房屋的中间。

"现在,让我看看你能否像个真正的女人。"

巴勃罗很粗鲁,没有温柔,没有细心,没有疼爱。他试图驱散她所有虚伪的傲慢和自负,他要打败她。

"现在收拾你的东西,出去,否则我就把你扔出去!"安娜带着一脸愤恨的表情,站起身,狠狠地掴了巴勃罗一耳光。

脸颊火辣辣地疼,刺痛让巴勃罗放松了警惕。

终于缓过气来的安娜注意到他的小妹肯奇塔送的金项链吊坠从他脖子上垂下来。她粗鲁地抓住它,一把扯了下来。

"啊,原来你有另一个女人,是吧?"

巴勃罗从她手里抢回项链,心肝宝贝似的,好像不想让它被脏手摸到。

"跟你无关。"他冷冷地说。

"我明白了,不管她是谁,都对你影响巨大。跟你做爱的女人,你都是这么对待的吗?"

"你把这叫做爱吗?别胡扯了。"

"别那么跟我说话!"她大喊道,"我可以有一百种方法让你忘了那个女人。"

巴勃罗愤怒了。他站起身,拿起她的衣服,扔向她。

"你……你就是个妓女!"

"你是个杂种!"她吐了口唾沫,"你是不是有毛病啊?"

"你才有毛病。你和卡洛斯也不配。我会尽一切努力阻止你的。"

安娜气得差点儿背过气去,她迅速地穿上衣服,"我会告诉他你强奸了我!"她尖叫着,泪眼婆娑。

"滚!"

她穿好衣服,狠狠地摔上门,气鼓鼓地离开了。

巴勃罗走到窗边,看着她跑上街道,像个孩子似的号啕大哭着。

他站在那儿,站了很久,有种说不出来的感觉。他紧握着胸前肯奇塔送的金项链吊坠,耳中的咆哮声和心脏的怦怦声淹没了他的思想,不知不觉中已泪流满面。

第十五章
克利希林荫道

克利希林荫道，1864年得名于克利希广场，位于平行于"农夫将军墙"的内外两条路的交界处，这两条路从克利希广场到殉道者街大约一公里。当时，这条林荫道叫作阿尔及尔烈士大街，后被称为匹加勒大街，最后得名克利希林荫道。

就是在这条繁忙的大街上，巴勃罗和卡洛斯并排走着、说着，前往世界博览会的展厅看展览。

距离上次与安娜闹不愉快已经将近两周，这期间巴勃罗几乎没见过卡洛斯。巴勃罗一般整晚整晚地作画直到天明，而白天卡洛斯起得晚，常常错过他们还有能力享用的简单早餐：面包、奶酪、橄榄，或其他水果。

安娜总是说要带卡洛斯领略巴黎的景观,而卡洛斯也非常乐意每天早上能与安娜信马由缰地漫步在林荫大道上和迷失在小巷里。也许这个女孩并不像巴勃罗想的那么愚蠢,她并没有跑去向卡洛斯哭诉。当然,安娜肯定知道卡洛斯不会信的,他怎么会怀疑自己一辈子的兄弟的爱和忠诚呢?

无论如何,在充满希望和美好的日子里,不应该去想那些糟心的事。他们在赶赴那场他们期待已久、讨论已久的展览。

突然,卡洛斯停下来,诚挚地看向他的朋友,显得神采飞扬。

"等我有钱了,我要给安娜和孩子们买一套大别墅。"

巴勃罗用怀疑的目光瞥了卡洛斯一眼。

"孩子?——我的天哪,你在说什么?"

"我已经向安娜求婚了,"他笑道,"我们很配,你不觉得吗?"

"你疯了吧,我的朋友。你有什么资本养活一大家子?"

巴勃罗生气地揪着卡洛斯的衣领,在原地打转。

"停下!你这个傻瓜!"

"傻瓜?"

"是的,傻瓜。你怎么了?一个小荡妇就把你玩得团团转了吗?你忘了我们为什么来'城市之光'了吗?这些事儿就让你忘

第十五章 克利希林荫道

了我们的理想了吗?

"你以为那个蠢丫头爱你,她只爱她自己。她会毁了你的,我的朋友。我们是为了在艺术界获得巨大成功这个梦想而努力。她永远都不会懂得你的吉卜赛灵魂,你的激情——她不配!我告诉你!"

巴勃罗突然止住话,因为看到了他朋友脸上惊恐的表情,他的心抽搐了一下——他的话击中了要害。

尽管巴勃罗的话深深地刺痛了卡洛斯,但他理解为什么巴勃罗会对安娜如此反感。

"怎么样,老朋友?你是害怕失去我吧?我想你与沃拉赫的见面开始对你起作用了,或者说名声开始影响你了。你真的认为我准备放弃你了吗?我知道你和安娜对事情的看法不一致,但相信我,慢慢地,你也会喜欢上她的——她让我觉得幸福,巴勃罗,这还不够吗?"

"我很抱歉!"巴勃罗改口不再劝他,"我们别吵了,都做了那么久的朋友了。我们会找到友好相处之道的,顺其自然吧。"

他们继续赶路,径直走到了宏伟的艺术大厅前。巨大的前门上写着:"世界博览会大厅——世纪展览1907"。

他们走进宏伟的建筑,穿过大厅,进入了一个有着开阔天窗的宽敞房间,里面有一个四重奏乐团在演奏古典轻音乐,游客和身穿黑色套装、系着领带、戴着高帽的艺术鉴赏家们在房间中静静地观赏着。

沙龙展室各个隔间里的大型展板上,展示的是多个现代知名艺术家的画作。

一个上了岁数的白胡子绅士——看起来七十多岁,戴着高帽——站在塞尚的油画前,正拿着一个放大镜仔细地观看。一个热心的艺术品经销商看到老先生在研究它,仿佛嗅到了钱的味道,迅速凑过来,殷切地抓住老先生的手,想做成一笔交易。

"多么美妙的画呀,您也这样认为吧?"经销商说,"只要120法郎,它就是您的了……"

巴勃罗和卡洛斯看到这个场景,对看了一眼,走近细听。

"120法郎?——不像话!"老先生发怒道。他放下放大镜,"你管这叫艺术?"

巴勃罗看到他的机会来了,便插话道:"不好意思,您觉得什么样的作品才能被称为真正的艺术呢,先生?"

老先生看着画作,"当然不是这样的垃圾!"

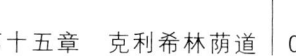

巴勃罗微笑道："不过，我觉得，每位艺术家创作的作品都应该称为艺术。"

"胡说！这就是这个时代的人的问题，他们不知道什么是垃圾，什么是真正的大师作品！"

巴勃罗转过头面对着老先生说道："那么，对您来说，大师作品究竟是什么样子呢？"

"米开朗基罗、卡拉瓦乔、提香，他们的作品才是艺术！"老先生坚决地说，拿拐杖敲着地面，"就是那些文艺复兴时期的画家。"

更多的人停下来听他们激烈的辩论。

"可是，您可曾知道，在文艺复兴时期，他们的作品也被中世纪画家认为是'垃圾'呢。"

"哈，那又能证明什么？"老人脸色铁青地咕哝道。

"这意味着人们从来没准备接受新思想、新形式，就像现在这样。"

巴勃罗指着塞尚和他别具一格的风景画进行解读。

"我们看到的是一幅有山的乡村风景画，山的部分被打乱形成了有颜色的楔形，并以扁平化的形式进行了简化。这就是物理上一个物体到另一个物体转化的所谓的'通道'或'渗透'。"

"这个家伙对塞尚的历史如数家珍。"挨着巴勃罗站着的艺术经销商喃喃自语道。

巴勃罗又指向巨大的油画:"注意到了吗?塞尚把山的外部轮廓留出空白,好让天空的蓝色区域和山的灰色区域可以融合。"

"那又如何?"

"首先,这种天空和岩石颜色相互渗透的创新,挑战了视觉经验法则;其次,这幅画作有它自己的逻辑,而它的作用又独立于逻辑之外。"

巴勃罗完成他的论述后,聚拢在周围听他讲述的游客们立即爆发出一阵掌声。但是,老先生没有一点儿动摇,举起拐杖向他们示威,却说不出话来,然后愤然离开了展厅。

艺术经销商被巴勃罗看似无尽的艺术知识储备震撼到了。

"评论太精彩了,来为我工作怎么样?"

巴勃罗笑着摇摇头:"谢谢你,但我是创作者,不是销售员。"

巴勃罗和卡洛斯离开这里去看其他画作了。

"你太棒了,巴勃罗!我觉得我答不出来那些问题。你从哪儿学来的?"

"我只是用心观察而已。"

接下来,他们又遇到了一个骨瘦如柴的年轻人,他站在一个

第十五章 克利希林荫道

升起的平台上,挥着手在做长篇演说,对着聚拢在他跟前的人们叫喊着。这个年轻人叫阿尔弗雷德·雅里,是个二十出头的毛头小伙子,有着鲜艳的红胡子,头发打理得很干净。

作为一个早熟的聪明学生,雅里经常把恶作剧和捣乱当作礼物送给他的同学。

有谣言说雅里十五岁在雷恩读高中时曾带领一帮男孩作弄他们善良的、肥胖的、不担事的一个叫休伯特的物理老师。雅里和他的同学亨利·莫林曾写过一部叫《莱曲》的剧本,并在他们一个同学家用木偶演出过。剧中的主要人物赫伯老爹,是一个大腹便便、粗心大意、有三颗牙齿的人。那三颗牙齿一颗是石头的,一颗是铁的,一颗是木头的。他有一只能伸缩的耳朵和一个可以变形的身体。在雅里最近的作品《乌布王》中,赫伯老爹又出现了,这一次他变成了乌布——法国文学史上最恐怖、最骇人的角色。

但是雅里并不傻。十七岁时,他已经取得了学士学位,搬到了巴黎,准备高等师范学校的入学考试。虽然他未被录取,但他的原创诗歌和散文诗很快引起了别人的关注。1893年他出版了自己的作品集《分钟砂纪念碑》。同年,他父母去世,给他留下了一小笔遗产,不过很快就让他败光了。

这时，雅里很快就发现了酒精的好处，他称之为"圣草"。提到苦艾酒时，他称它为"格林女神"。很多关于他的故事都讲到他曾经给自己画个大绿脸，骑车游遍了整个城填——毫无疑问，这是强劲的苦艾酒造成的。

在宽阔的展览会大厅，当巴勃罗和卡洛斯走进侧翼时，雅里正在愤怒地看看众人，咆哮着亵渎既有的艺术世界。令他们震惊的是，雅里忽然从他肥大的裤子里掏出了一把枪，他握着这把 22 口径的手枪，把枪口指向了天空。

"枪？"卡洛斯说着迅速把巴勃罗拉到身后，他似乎感受到了严重的威胁。

雅里的眼睛锁定了巴勃罗。

他停止了咆哮，对着人群大声喊着："亲爱的朋友们、愚民们，我现在要给你们展示我的最新作品——'生活的艺术'！"

雅里突然将手枪指向目瞪口呆的人群，开始不分青红皂白地随意扫射，子弹随着"砰"的一声巨响射进他们身后的墙里，所有人措手不及。当雅里继续将子弹射向他们时，出于自卫和震惊，每个人都在尖叫，并仓皇逃窜，寻找庇护，直到子弹射完。屋子里充满了怪异的安静。

当几个大胆的人探出脑袋看情况时,他们看到雅里独自大笑着,正在重新填装子弹。幸运的是,在这千钧一发之际,警察赶到了,他们跳上台子,将挣扎的雅里摁倒在地。他嘴里仍大骂着:"法西斯浑蛋!艺术自由!"

但是,警察并不想听他再说什么,他们铐上这个年轻的疯子,把他带走了。他还在扭动着、挣扎着,想要从警察手中解脱出来。

和巴勃罗之前聊过的那位老先生愤愤地站起来,转向卡洛斯,盯着他看。

"看看吧,又一个'可爱'的现代艺术家。"

卡洛斯没理老先生,转向巴勃罗,掸了掸身上的灰尘,说:"我想我们今天看得够多了,赶紧离开这个'疯人院'吧。"

"我想这地方也许还有几个疯子,"巴勃罗同意道,"说不准的事儿啊!"

巴勃罗耸耸肩,把胳臂搭在卡洛斯肩上,两人一起离开了展览会。

第十六章
唐·路易斯的晚会

唐·路易斯凭借其在房地产方面的便利，在巴黎买了好几处房产，其中一处是他的最爱，那是一座宽敞大型的公寓，位于巴黎大学塞纳河左岸第五区，即拉丁区。

以校园生活、氛围活跃和小酒馆而著称的这个区令唐·路易斯非常着迷，这里也是很多高校教育机构乐于安家的地方。

拉丁区被圣日耳曼大道和圣米歇尔大道一分为二，这两条主干道贯穿这个区域，其他成百上千的弯曲小道像毛细血管般从这两条主干道分散开去。圣·安德烈艺术区已经变成了许多法国艺术家的聚居地，周围环绕着公寓、舒适的小酒馆和精致的餐厅。

唐·路易斯在他豪华的客厅里为他的侄子举办了一场小型私人生日会。他拿来多层巧克力蛋糕，放到卡洛斯面前，让他吹蜡烛。巴勃罗、麦克斯、安娜、杰米和几个其他年轻的西班牙人在一旁看着，享受着庆祝的气氛。

"现在，卡洛斯，" 唐·路易斯说，"让我们看看你能不能把所有蜡烛都吹灭……哈，等等，你先许个愿！"

"我还有什么愿望要许呢？我有好朋友，我有家，我有安娜……"

"你还可以吹牛，"巴勃罗笑道，"现在吹蜡烛吧。"

卡洛斯笑了，然后吹灭了蜡烛。大家鼓起掌来，聚在一起切蛋糕。卡洛斯抓住安娜的手，轻轻地放在自己手中，把她拉到身旁，吻了她，然后转向大家："我要宣布一个消息——我和安娜要订婚了！"

周围的人都上前祝贺这对幸福的年轻人。巴勃罗走到一旁，和杰米、唐·路易斯聚在一起，他们听到这个消息后都感到头疼。

巴勃罗和麦克斯对看了一眼，两人都充满了疑惑。麦克斯把头靠向巴勃罗，小声表达了他的反对意见："他在开玩笑吧。每个人都知道她不正经。你就不能干点儿什么阻止他吗？"

"我试过了，可他是个死心眼儿。"

第十六章 唐·路易斯的晚会

巴勃罗走向卡洛斯，他正站在唐·路易斯身边切蛋糕。安娜被她的女性朋友包围着，她们在兴奋地叽叽喳喳着。

"卡洛斯，我能单独和你聊几句吗？"

卡洛斯紧紧地搂着安娜的小蛮腰，他已经心满意足了。安娜带着怀疑的表情看着巴勃罗，眼睛里却露出胜利的神情。

"不管你想说什么，都可以在我面前说。"安娜狐疑地说。

卡洛斯看了巴勃罗一眼，然后转向安娜。

"亲爱的，让我们聊一会儿。"

"好吧。"她冷笑着走开了，"我去厨房再拿些盘子来。"

"你什么时候决定结婚的？"巴勃罗问。

"前几天我和安娜共同决定的，我们想对彼此的关系做个承诺。"

"承诺？——你不觉得可笑吗？！"

"为什么？"

"因为我们都是穷光蛋，你个傻瓜！你拿什么照顾她？你能给她什么？"

"巴勃罗，你是我最好的朋友，我不想失去你！……我和安娜非常相爱，为什么你总是讨厌她？"

巴勃罗摇摇头，意识到卡洛斯已经做出了决定，他已经不能再说些什么或做些什么来改变现实了。

卡洛斯展开笑容,握着巴勃罗的手说:"哈,你嫉妒了,是吧?我看是,不是吗?你害怕会失去我。别担心,一切都会变好的,你愿意的话,可以经常和我们待在一起。"

"你怎么就是不明白呢?"

巴勃罗失望地走开了。巴勃罗的忠告,卡洛斯并没有听进去,他在祝福的人群中寻找着安娜。最后,他在房间另一侧看到了她,便转过身向她走去。

在客厅的中心,安娜正忙着谈笑风生地和各类客人打招呼。此时,安娜正在给一个三十出头的、英俊的、瘦小的西班牙人倒桑格利亚汽酒,他们在亲切地聊着天。

当生日会进行到晚上时,气氛变得活跃起来。一个吉他手拉过一把椅子,开始弹奏西班牙歌曲,在幽暗的灯光下人们开始翩翩起舞。

卡洛斯正忙着把剩下的蛋糕递给唐·路易斯。

巴勃罗在房间里找到了麦克斯,他在冷餐台旁,往盘子里夹自助餐台上为客人准备的小吃。巴勃罗拿起一个盘子,站到麦克斯后面。这时,他看到安娜公然跟不同的男人跳舞、调情。麦克斯也看到了。

"他能有幸看到这些吧?"麦克斯说。

"不能。他是恋爱中的傻子。"

"你告诉过他你们俩之间发生的事吗?"

曾经有一天,巴勃罗和麦克斯在一家小酒馆喝了几杯后,巴勃罗向麦克斯吐露过此事,在内疚使他疯狂之前,他也需要疏解内心的折磨,他每天早上都会后悔千百次。

"我不忍心那么做,但是,我迟些会告诉唐·路易斯的,也许他能帮我。"

突然,房间的后面出现了一阵骚乱,突然爆发的喊叫声淹没了温柔的吉他声。一块砸得粉碎的玻璃飞了过来,其中一小块碎片正砸中麦克斯的脸颊,在他的脸上割了个不太深的口子。

"搞什么鬼啊?!"麦克斯惊叫道,鲜红的血从他苍白的脸上流下。

"怎么回事儿,我去看看。"巴勃罗把盘子放下。

他推开聚在卡洛斯周围的一小撮人,看到一个瘦小的西班牙人正握着一个破口的瓶子在威胁卡洛斯。

卡洛斯拿起切蛋糕的刀,"把你的脏手拿开,你个人渣!"他对着那个男人喊着。

安娜走到他们两人中间,护着西班牙人,而那个西班牙人还在挥舞着致命的、有着锯齿边的瓶子。

"住手,卡洛斯,别跟个混混似的,我们只是在跳舞。"

"你别管,安娜,他竟敢摸你,我要好好教训教训他!"

卡洛斯把安娜推开,对着那个人猛刺,但扑了个空,没有刺中。

"哈,你以为我怕你吗?"卡洛斯嘲笑道,"我现在就弄死你!"

卡洛斯向前一步又刺了过去。唐·路易斯跳到他们中间拉架。撕扯中,前臂不小心被刺中了,血汩汩地流出来,滴到了高档的波斯地毯上。

巴勃罗和麦克斯加入混战,试图将两个"热血战士"分开。客人们备觉恐怖,纷纷向后退去,很多人悄然走向门口准备离开。

"够了!"巴勃罗大喊道,"来人,包扎一下。"

打斗结束了,西班牙小伙扔下瓶子逃跑了。卡洛斯还是很恼怒,满脸杀气地看着他离去的背影。

唐·路易斯低头看了看自己手臂上的伤口。

"上帝呀,看来不妙啊!"

杰米走过来,替唐包扎。"来,赶紧包上,我想过几天就会

第十六章 唐·路易斯的晚会

没事儿的。"

"对不起，我的朋友，"唐·路易斯说，"我想我是在错误的时间来到了错误的地点。"他说着，环顾了一下四周——他的大部分客人都悄悄离开了。

"好吧，他们一定会对这次晚会印象深刻的！"唐开玩笑道。

杰米灵巧地包扎好了唐的手臂。

卡洛斯走过来道歉："唐·路易斯，我非常抱歉。但我忍不住……"

巴勃罗忍无可忍，他看了一眼他愚蠢的朋友，训斥卡洛斯道："送安娜回家吧，免得又惹麻烦……走吧！"

卡洛斯尴尬地低下了头，握着安娜的手，消失在了门口。

巴勃罗向坐在椅子里的唐·路易斯靠过去："我想跟你说件事……"

"不用说了……"他明白了，"她也跟你上床了。"

"这就是卡洛斯未来婚姻的缩影啊，"麦克斯说，"我告诉你，那个女人就是一个魔咒！"

第十七章
沃拉赫的展览

在沃拉赫的小画廊门口,花哨的洛可可装饰墙上高悬的煤气灯炫目地闪耀着,漂亮的马车时不时地停下来,从车里走出来的都是巴黎上流社会的先生、女士们,个个衣着华丽。

在沙龙的主展厅,巴勃罗的个人画展正在举行。穿着晚礼服的侍者们用银盘托着高档香槟为客人服务,而客人们则在饶有兴趣地观看画作。

沃拉赫正安静地与利奥·斯泰因和格特鲁德·斯泰因聊天,他们喝着香槟。格特鲁德三十多岁,微胖,穿着朴素,脑后绑着一个紧致的发髻,宽阔的肩膀上披着一件猩红色的山羊绒披肩。

对于新生代的艺术家,格特鲁德是个积极的拥护者,而且对于新秀，她总是眼光独到。每星期在她沙龙聚会的都是名人，她的墙上挂满了新生代和当红的艺术家的画作。

她的资助和热情不只局限在油画，她还关注诗歌和朗诵，音乐家和舞蹈家也是她的座上宾。她的邀请函无论是对于名人还是对于泛泛之辈都同样抢手。简单地说，如果你对艺术界不甚了解，那么，你就一定要参加一次格特鲁德的沙龙，沙龙里的人来自全世界。

沃拉赫环顾了一下房间，想找巴勃罗，他看到巴勃罗正在房间那头跟卡洛斯、安娜和几位朋友聊天。

沃拉赫向他招手，"巴勃罗，我来给你介绍一下收藏家利奥·斯泰因和格特鲁德·斯泰因。"

巴勃罗点点头，尊敬地说："很高兴认识您们！"

格特鲁德好奇地望着他，"那么，你就是那个年轻人，我总听人谈起你。我觉得你的画很独特……但是你的法语可是一般般啊。"她开玩笑地说。

不管是不是开玩笑，巴勃罗不喜欢她的批评。他敏锐地看着这个壮硕得超重的女汉子，心想：她是不是应该好好刮刮毛了？

"真的吗？"巴勃罗说着抬了抬眉毛，"我不认为我来这儿是为了听别人评价我对法语的掌握程度的,就像刚才您说的;相反,如果您对我的画有中肯的意见,我愿意洗耳恭听。"

"友善点儿,巴勃罗,"沃拉赫建议道,"他们帮助过很多新生代艺术家。格特鲁德是有自主版权的小说家,还会写艺术评论呢。"

格特鲁德报以微笑,这些还远不够激怒她。事实上,她很喜欢巴勃罗的勇气。

"别吓到这孩子,安布鲁瓦兹,我今天感觉还是很友善……"她转向巴勃罗,"你的两幅画让我非常感兴趣,《老妇人》和《侏儒的舞者》。你愿意谈谈它们吗?"

巴勃罗以前必须谈论自己作品时,都会觉得难受;但这次没有,他想取悦沃拉赫,因为他有种微妙的神情在刺激着他。

"这些作品的灵感来自戈雅和委拉斯开兹,"巴勃罗解释道,"素描和彩绘都是在我的画室里完成的。"

但这远不够满足格特鲁德绵绵不绝的好奇心。

"我在这两幅作品中看到了所有的新风格,"她说,"还看到了一些其他的新东西,一种我从未见过的伤感——一种不寻常的抽象的动态力量和活力。你选择的素材是有隐喻的吗?"

巴勃罗摇摇头,感到有些好笑,"隐喻?不,我只是把我感兴趣的画出来。我相信艺术是以情感为媒介的。如果有隐喻的话，那就让别人来解释吧。"

利奥·斯泰因安静地评价道："好吧，你会把这些发展成一种永恒的风格吗？"

"我想我就像一个科学家，永远在寻找，直到我达到核心。"巴勃罗谦卑地看着地板答道，"我想我只是把我想到的事物分解，再把它们在画布上重新组合起来。"

"哦，利奥，我喜欢这小伙子。"格特鲁德赞扬道。

"如果有时间，也许我可以为您画一张肖像？"巴勃罗过去很少画模特，他更愿意走到街上，把形象记在脑子里，随后再画出来。

巴勃罗这么说是有商业和经济目的的：如果这个女人真如沃拉赫说的那样，那么这何尝不是一个好的尝试呢？他想，这毫无疑问是一项挑战。他热切地看着格特鲁德，她也在好奇地看着他。

"哦，我必须说你是我认识的画家里第一个提出这样建议的，我感到非常荣幸！不过，你知道，我这个人没有多少耐心像一棵盆栽植物一样坐上几个小时。一直坐着，我可受不了。我是个很忙的女人……"

第十七章 沃拉赫的展览

"我保证不会让您觉得有时间负担,斯泰因小姐,我像您一样很珍惜时间。这只是个想法……"

"不用说了,年轻人,我接受你的建议。在我们离开前,我会和安布鲁瓦兹商量一下,什么时候安排我们再次会面,可以吗?"

"非常好,我等待您的召唤。"巴勃罗虚意迎合地说,然后鞠了一躬。

这样的敷衍,巴勃罗很快就觉得有些无聊了,他环视房间寻找卡洛斯。他最不想做的事就是画这个长相平平的女人了,真不知道结果会如何。

"你真的很有魅力,"巴勃罗喃喃地说,"现在我必须找到我的朋友们……很高兴见到你。"

于是,巴勃罗亲了一下她的手背,去和待在沙龙后面的卡洛斯和安娜会合。不幸的是,他们又进行了一场愚蠢的争吵。安娜喝多了,正在胡言乱语。

她看到巴勃罗就跑了过来。

"卡洛斯非常生气,因为我说我喜欢你的作品而不是他的。"

巴勃罗看着她:"你为什么这么说,安娜?你喝多了!"

但很明显,她什么都听不进去,继续大声嚷嚷着,出着洋相。

"如果他能搞个个人画展,也许他还会转运吧。"安娜嘲笑道,"不过,巴勃罗,告诉他真相吧。他永远也不能靠当画家过活。"

巴勃罗抓住她的手臂,把她带到卡洛斯面前。

"她根本不知道自己在说什么,巴勃罗,你来说说她!"

巴勃罗变得很急躁,对他们两个都很生气。

"为什么你们俩要在这儿出洋相?卡洛斯,带她离开这儿,现在就走吧!"

卡洛斯怒视着巴勃罗,然后愤愤不平地拉着安娜的手,又拖又拽地带着她出了门。

唐·路易斯和沃拉赫一直在房屋一侧无可奈何地看着,他们在等着巴勃罗过来。

"我侄子好像给自己惹了一个大麻烦,"唐·路易斯说,"他们都说什么了?"

"都是些醉话,"巴勃罗懒得解释,"沃拉赫那儿才是正经事儿,对他们不必在意。"

"无论如何,巴勃罗,我刚才卖了四幅你的作品给斯泰因。我得补充一句,给她画素描真是个好主意!那比今晚卖十幅画还强。对一个刚做过首秀的新人来说相当不错——来吧,还有几个重要的人,我要给你介绍一下。"

"我想离开一会儿,行吗,唐·路易斯?"巴勃罗恭敬地说。

"去吧,我的孩子……这是属于你的夜晚!"

随即,巴勃罗和沃拉赫走进混杂的人群中。

第十八章
卡洛斯和安娜

卡洛斯把喝得醉醺醺的、烦躁不安的、嘴上骂骂咧咧的安娜放到了床上，帮她脱了衣服。安娜仰面躺着，把他拉到身上，像个疯女人一样大笑着。她看到了卡洛斯直直地看着她充血的眼睛，怨毒地嘲笑着他，探手玩弄着他。

她挑逗着他。

卡洛斯犹豫着，意识到她已经完全失控了。

"你醉了，安娜，好好睡吧。"

但是她根本不接受。

"来嘛，让我看看你是不是真男人。嗯？"

卡洛斯推开她，她身上刺鼻的酒气和汗味让他知难而退。

卡洛斯迷惑地晃着脑袋，不情愿地顺从了。他爬到床上，凑到她身边。

过了几分钟，她忽然对着卡洛斯的脸歇斯底里地笑了起来，就好像他的行为是个残缺的笑话。

"别再笑我了！"卡洛斯叫道。

"哈，伟大的拉丁情人不行了……你是谁，圣人吗？要不，你还是跟你的朋友巴勃罗在一起吧。"

卡洛斯按捺不住愤怒："别那么跟我说话！你会成为我们孩子的母亲……"

"我们的孩子？"安娜嘲讽道，"你的朋友巴勃罗比你更像一个男人。也许他可以替你做这些事。"

听了她的话，卡洛斯备感震惊。他没办法不浮想联翩："你为什么这么说？"

"你听我说……"

他掐住她的喉咙，不想听她说难听的话。

"告诉我，为什么说这些事时提到巴勃罗。"

她把他有力的手掰开。他放手了。一瞬间的停顿后，安娜无情的眼神里露出一种十足的蔑视。

她把卡洛斯的手推到一边，从床上下来，从梳妆台上拿起酒瓶,倒了一大杯,喝了一口,满怀恶意地回头瞥了他一眼。

"我和他睡过——就是你珍视的那位有男人味的朋友……"

卡洛斯难以置信地瞪大了眼睛,他深棕色的眼睛里噙满了泪水。

"我不相信,他不会的……"

安娜平静下来,心中暗暗算计着。

"有一天,我去他的画室找你。他求我脱衣服。然后,我们就……"

卡洛斯抱着头,陷入深深的痛苦之中。

"不!——我不要听!"

他跑到梳妆台,打开抽屉,拿出一把小手枪。

安娜看到金属的闪光,后退了一步。她害怕了,这时她想也许自己有些太过分了。

"不,卡洛斯,不要!我只是开玩笑……"

"玩笑?"卡洛斯含糊地说,睁大了眼睛,"我想不是!"

卡洛斯出离愤怒地跑出门去,失控地大哭。

"不,卡洛斯,不要去……"安娜跟在他后面喊着,追到了走廊上,"你要干什么去?"

然而,没有回答,只听到卡洛斯匆忙地跑下楼梯,跑到了街上。

第十九章
卡洛斯的窘境

那天夜里,卡洛斯暴躁如雷地来到附近拥挤不堪的"芸香蔚蓝"酒吧,他的手紧紧地握着自己口袋里的枪。他盯着这个乌烟瘴气的地方心乱如麻。他看到杰米·萨瓦特斯和一群朋友站在吧台的一端,聊着天,喝着酒。

杰米也看到了卡洛斯,向他挥了挥手,让他过去,但是卡洛斯没有回应。相反,卡洛斯走到了吧台的另一端一个人待着。他要了一杯苦艾酒,一饮而尽,紧接着又要了一杯。杰米看出卡洛斯正在为某些事烦恼,因为眼泪正从卡洛斯憔悴的脸上滑下来,卡洛斯抓狂地咧开嘴,形成了一个奇怪的、扭曲的表情。

杰米来到卡洛斯身旁,担心他有什么问题。

"卡洛斯，我亲爱的朋友，怎么了？我从来没见你像现在这样过。又是因为安娜？"

卡洛斯一言不发。

"喂，卡洛斯，你必须告诉我。我们是朋友，不是吗？也许我能帮你。"

卡洛斯仍旧保持缄默，看着吧台后面挂着的一幅斜靠的裸女画像。然后，他把手伸到口袋里，拿出了那把小左轮手枪。

"我的天哪……不！"杰米说着惊恐地向后退去。酒吧里的人都看到了手枪，空气中突然出现了一种不安的肃静。

"你要干什么？！"杰米紧张地说。

"巴勃罗在哪儿？" 卡洛斯恶狠狠地说，边说边在屋子里搜寻。

"他是你的朋友，你究竟要干什么？他是永远都不会伤害你的！"杰米恳求道。

卡洛斯显得很迷茫，沉浸在自己的世界里。他先是大笑，接着又哭起来。他用空洞的双眼望着杰米，脸上露出了诡异的微笑，然后迅速把手枪对准自己，扣动了扳机……

有几个客人就站在他们旁边，被吓得魂不附体！

第二十章
悲惨事件

杰米跑进沃拉赫的画廊,在人群中横冲直撞,他的短裤和夹克都被鲜血染红了。

巴勃罗的第二场个人作品展刚刚结束,客人们和收藏家们正准备离开沙龙主会场,都陆陆续续地来到门前。

杰米看到了巴勃罗,赶紧跑过去,在他耳边低语了几句。

巴勃罗向后退了一大步,难以置信地摇着头,他大大的棕色眼睛里充满震惊。

"这是真的!"杰米说。

巴勃罗看起来就像被大铁锤砸了一样,双膝一软,跪倒在地,痛苦地抱着头,失声痛哭起来。

"卡洛斯——不！——卡洛斯！"他声嘶力竭地喊着。

杰米抱住巴勃罗想要安慰他，于是两人拥抱着一起跌在地上，哭成一团。

第二十一章
吊　唁

灰暗阴沉的维多利亚停尸房外挂着一个木头小牌："左岸沙龙停尸房"。

巴勃罗和几个朋友早早就来了，互相拥挤着站在等候室。杰米和麦克斯挽着巴勃罗的手臂表示支持和安慰。但巴勃罗看起来有点儿失魂落魄。

"巴勃罗，现在该我们进去看他了。"杰米说道，"我不得不提醒你他的脸变形了，或许你最好还是不要进去。"

麦克斯看着杰米说："也许我该带巴勃罗去酒馆，在那儿喝几杯。"

这时，巴勃罗似乎从恍惚中恢复了过来，安静地对他们说：

"不,我要留下,我想单独陪他待一会儿。"

两个人点头同意,巴勃罗一个人进了告别室。

一进屋,他发现唐·路易斯安静地坐在阴影中,挨着尸体在做祷告,棺材没盖上,卡洛斯躺在里面。

巴勃罗进来后,唐·路易斯站了起来。

"我知道你有话想最后跟他说。"唐·路易斯说着,轻轻地拍了拍巴勃罗的后背,离开了房间。

巴勃罗拿过来一把椅子,坐在他朋友的尸体旁边。他伸出手,抚摸着卡洛斯的侧脸,手指顺着苍白的、蜡像般的脸滑下,他开始不由自主地哭泣起来。卡洛斯左太阳穴上的子弹伤口还清晰可见,青紫残破。

"为什么,我的朋友?——你还缺少爱吗?"他低声地说,"我愿意把所有都给你,你为什么没有信心啊,我的兄弟?"

他从卡洛斯的手上拿起串珠十字架,生气地把它扔到地上。

"上帝死了,卡洛斯!——他把我们都抛弃了!"他极度悲愤地吼道。

卡洛斯葬礼之后的当天夜里,巴勃罗去了巴黎红灯区厮混。他喝得酩酊大醉,手里拎着酒瓶子,用大醉来排遣悲伤。他走出一个阴暗的妓院,拉了拉没有系紧的裤子,裤袋里的钱掉了出来。他骂着妓女,离开了那个肮脏的地方。

为了摆脱痛苦,他摇摇晃晃地走了几个街区,最后扑通一声倒在塞纳河边肮脏的大理石台阶上,精神终于彻底崩溃,像小孩子一样号啕大哭起来。

巴勃罗感到无比悔恨,不但因为他失去了一位忠诚的朋友,而且因为他的信仰也抛弃了他。

但更重要的是,通过这件事,他得到了一种极端的情感体验,并获得了一种刺激他创作"蓝色时期"作品的强大表现力。

1901年,那件事过去几个月之后,经过几次尝试,巴勃罗绘制了两幅卡萨吉玛斯的死亡肖像画及两幅描绘葬礼场景的画——《哀悼者》和《招魂》。

1903年卡萨吉玛斯又出现在巴勃罗的神秘画作《生命》中。

世界突然变成一个黑暗荒芜的地方,巴勃罗永远也回不到从前了,他的心变得冷酷而坚硬。

第二十二章
狡兔酒吧·1904

对于那些新锐艺术家和手艺人来说，狡兔酒吧是非常受欢迎的聚会地点。因为经常去这家酒吧，巴勃罗与当地的许多诗人和作家都很熟。酒吧老板弗雷德偶尔会接受他们把诗作或画作抵作酒钱，这让他的酒吧在所有奋斗着的艺术家中很受欢迎。弗雷德曾经一度获得了一些可观的艺术品收藏，包括巴勃罗画的一幅画《在狡兔酒吧》——在这幅画中，巴勃罗扮成丑角，弗雷德是吉他手；另一幅画《女人与乌鸦》，是以弗雷德的女儿为素材的。

就是在1901年到1904年这段时间里，蓝色成为巴勃罗画作的主导颜色。巴勃罗在这段时期经常在巴塞罗那和巴黎之间穿梭，从一个城镇去另一个城镇，为他的作品收集素材。

他甚至访问过巴黎圣拉扎尔的女子监狱。很幸运的是，他在那里可以得到免费模特。然而，在那里，"生育"这个主题好像最让他着迷，因为女人们即使在监狱里也可以继续喂养她们的孩子。

在巴塞罗那游历期间，他在1902年的作品《汤》中画了盲人或孤独的乞丐的街景。在多幅作品中，他画了漂流者，如1902年的《蹲着的女人》，1903年的《盲人的晚餐》，以及1903年的《老犹太和一个男孩》。这一时期，巴勃罗在寻找能够最好地表达二十世纪传统艺术——历史主题——的素材。

1904年春天，他最终决定去巴黎永久定居。这一时期他的作品反映了他的思想变化，特别是一种当时风靡一时的知识和艺术潮流的变化。

他已经着手画格特鲁德·斯泰因的肖像，但这比他之前预想的更难。她总是抱怨他对她的时间要求，直到有一天他突然恼怒，指着已经画出的整个头部说："我不说需要你，你就不用来了。"于是，她就再也没有坐在他的面前了。

巴勃罗和他的几个亲密朋友聚集在一家昏暗而又烟雾弥漫的

小酒馆里,围着一张桌子交谈。

一个精明的穿着红马甲的酒保一边默默地看着吧台,一边用眼睛瞧着巴勃罗、杰米和麦克斯。这个酒保以前和他们有过冲突——特别是与麦克斯,所以他严阵以待。

这时,另外两个新来的艺术家朋友来到这张桌子,拿来椅子和他们坐在了一起。他们是画家理查德·卡纳和安德烈·德兰。理查德·卡纳是一个留着黑短发的年轻人,戴着眼镜,穿着一件深蓝色的工装。安德烈·德兰,中等身材,留着长长的黑头发。他们两人都是二十五六岁。巴勃罗当时是二十二岁。

理查德和安德烈都友好地过来握手致意:"巴勃罗,很高兴又见到你,我的朋友。"

"谢谢,你们最近都在忙什么,理查德?"

"跟其他人差不多。为了让身体和灵魂得到统一,你知道的,我想你应该试试刻画。我可以马上教你基本技巧。"卡纳说,"接下来你就等着收钱吧。"

"哈,太棒了!"麦克斯大叫道,"沃拉赫这几个月都没卖我的作品了。我们住在一个屋里,现在都快饿死了。没暖气,没热水……"

"冷静点儿,麦克斯。"酒保提醒他。

"最重要的是要一直画,"安德烈说,"我认为巴勃罗应该继续画油画。他应该和我们一起参加野兽派运动。我们越团结,他们越可能认可我们。"

"巴勃罗,你有什么意见?"理查德问。

这时候,一个体格健硕、身材魁梧、留着一头又长又黑头发的男人走了过来,默不作声地坐在他们身后的桌旁,听他们讲话。这个男人是诗人纪尧姆·阿波利奈尔,三十七八岁,一副颇具权威的样子。

阿波利奈尔是个幸运儿,从来没有当饥饿艺术家的经历。他有贵族背景,在摩洛哥、巴黎和法国里维埃拉的赌厅里长大。他在戛纳、尼斯和摩纳哥受教育的时候,曾一度被误认为俄罗斯王子。

二十多岁时,阿波利奈尔在一家巴黎银行供职,接触到一些艺术家,如布拉克、夏卡尔、埃里克萨蒂、杜尚等,以及他的爱人玛丽·罗兰珊。在这段时期,他还出版了一些情色书刊,并声称马奎斯·迪·萨德的作品会在新世纪获得认可。

阿波利奈尔是二十世纪初法国几个文化艺术前卫运动的重要成员。他影响了众多象征主义诗人,如维克多·雨果、夏尔·波德莱尔、保尔·魏尔伦、阿尔蒂尔·兰波、朱尔斯·拉福格以及特里斯坦·阔比埃等人。

阿波利奈尔的作品经常表现现代与传统之间的冲突,经常列举极为不同的风格元素,用传统的形式来表现坚定的现代意象。

在阿波利奈尔的书《立体主义画家》里,他阐述了立体主义背后的理论,分析了重要的立体主义者的作品,并因发明了"超现实主义"这个词而获得了高度赞誉。

"我同意德兰的意见,"杰米说,"团队作战,平均分配……"

"那么,巴勃罗的'新蓝'系列怎么样?"德兰问,"如果我们照着这个方向努力画,也许这就是我们的未来。"

"人们会觉得很丧气的。"麦克斯说,"哪个头脑正常的人会在墙上挂蓝色?难怪它们卖不出去。"

"哦,谢谢你,麦克斯,"巴勃罗回避说,"我从未想过你这么热心!"

面对着有敌意的酒保,麦克斯又要了一杯酒。

"有趣的是,"麦克斯继续道,"巴勃罗正在努力从浪漫主义向现代主义转变。他相当高产,并能复制出任何风格。"

"但是,这些蓝调作品中有一种特殊的东西,"德兰补充道,"不知他用什么方法往画作中注入了一种强大的、阴暗的情感元素。"

巴勃罗解释道:"朋友,我做的不过是通过一种简化的方式将雕塑元素融合到画作里。"

"不管它是不是蓝色,它都是一种类型的突破,"德兰坚持道,"目前只有马蒂斯和塞尚最接近它,但它仍是一个开放的领域,没人是专家。"

最后,阿波利奈尔站起来,走到他们的桌旁。"非常精彩的分析,先生们,"他咧嘴笑笑,"介意我加入这个话题吗?"

安德烈立刻就认出了阿波利奈尔,瞬间变得很热情。"纪尧姆·阿波利奈尔——你是那个著名的作家?"

"是的,先生。"

麦克斯在巴勃罗耳边低语道:"这个阿波利奈尔,是《巴黎公报》的评论家,也许他能帮助我们。"

阿波利奈尔转向巴勃罗:"我记得六个月前在沃拉赫的画廊里见过您的一些作品,让人印象深刻。巴勃罗·毕加索,就是您吧?"

巴勃罗探究地看着他。

"我是巴勃罗·毕加索,从那次以后,就再没卖出过一张画!"

第二十二章 狡兔酒吧·1904

麦克斯接过话茬,咆哮道:"自从凡·高和塞尚的作品卖得火爆起来后,沃拉赫看起来已经放弃巴勃罗了,这个狡猾的浑蛋,他非得等着艺术家死后再从中牟利!"

酒保又对他说:"嘿,麦克斯,我说过让你小声点儿,要不就请你出去!"

麦克斯面色难看地转过身,杰米接过了话头。

"可怜的老凡·高在他活着的时候只卖出去一张差劲的画,得了可怜的六十法郎,可几年后,艺术界都称他为天才!"

"我不相信你们所有人都那么天真,"阿波利奈尔谨慎地说,"当然了,你们必须了解金钱游戏的规则。先生们,在这方面,我可是天才。"

"吸血鬼,他们就是吸血鬼!"德兰断言道,"他们就是靠着死人发财的!"

阿波利奈尔把酒瓶子摔在桌子上,引起大家的注意。"不管他们是不是吸血鬼,活着的艺术家必须生存,巴勃罗,我想带你去见个人——亨利·马蒂斯。"

"你认识马蒂斯?"巴勃罗好奇地问。

"对,他下个月在大皇宫有场展览。我想你和我一起去。"

"你想让巴勃罗去见亨利·马蒂斯?"麦克斯问道。(1905

年,马蒂斯周围的野兽派群体在巴黎引起了轰动。)

"我看了巴勃罗的作品,我想他们两个应该有很多要谈的。和我一起去看展览吧,让我们看看会有什么好的机会。"

"的确是个好机会啊,"麦克斯敦促道,"巴勃罗必须去!这事真的太棒了!"

第二十三章
洗衣船·蒙玛特

洗衣船——建立在皮加勒区与蒙马特高地顶端之间的拉维尼昂街13号的一个破旧的画室——是1903年至1912年巴勃罗和他的波西米亚朋友们的聚集地。他们被看成"野蛮的恶棍",但是作为画家,他们以坚定不移的专注和纪律坚持工作,并为达到自己设定的目标而努力着。

他们工作和生活在一个工薪阶层聚居的地区,有各种街坊邻居:画家、雕刻家、作家、幽默大师、演员、洗衣妇、女裁缝、流动商贩等。

这个地区很有名,因为在二十世纪初,一大群杰出的艺术家曾在这儿住过或租过画室。第一批画家在洗衣船定居是在十九世纪九十年代。拉维尼昂街前面的一小块地方以著名的法国歌手埃米尔·古多命名。

这片建筑物既阴暗又肮脏,不像居住地,更像废料场。有暴风雨时,木制的楼体更是风雨飘摇、残破欲裂,那种情况让人们想起在塞纳河畔的洗衣船的场景,因此得名。

一个狂热的波西米亚晚会正在洗衣船单元楼举行,这是个假面舞会,五彩纸屑和彩色纸带满天飞,参加的人有步行的,有坐马车或轻便马车的,陆续到达了巴勃罗住的破败、陈旧的五层公寓大楼。客人们穿着各式各样的服饰,戴着面具,扮成滑稽演员、小丑、海盗……

房间里,饮过酒的狂欢者们在房间之间跑着、跳着,在楼梯上和客厅里唱着、笑着。

巴勃罗站在楼梯边看着所有的活动,心情舒畅,跟周围的朋友打着招呼。他已经把自己装扮好了:穿着一件相当合体的西班牙斗牛士的服装,戴着帽子,穿着斗篷,剪好的短发垂到左眼上方。他做了一个漂亮的斗牛士的造型,靠着栏杆,向下看着大门口,享受着这个热闹的场面。

第二十三章 洗衣船·蒙玛特

一个装扮成康康舞者的可爱女孩,看起来年轻、漂亮,留着黑色头发,二十出头,拖着褶边连衣裙飘飘然地在他面前走过,卖弄风情地想要吸引他的注意。他回头认真地看了看她。

那个女孩也回头看了看巴勃罗,很享受这种调情。她迅速将腿向空中踢去,裙子被抬起,露出有褶边的马裤,挑逗着他。

她看着这个年轻、狂热的拉丁舞者,估摸着他的全部特性:"他是个小个儿、黝黑、身体壮实、焦躁、不安分的人,有双黑色的眼睛。浓密的头发乌黑发亮,遮住他聪明、固执的前额。"

巴勃罗把双手抱在胸前,靠在她对面的墙上,简单地点点头,她走了过来。

"哈,"她说,"你一定就是那个大家都在谈论的疯狂的西班牙人。"

巴勃罗笑道:"那么,他们都说我什么了?"

"他们说你就是个浑蛋,还自诩为艺术家!"

"这不是什么坏事吧——我的意思是,这表明我对自己有信心。"

"也许对某些人来说是坏事……你的自信显得你高傲、有男子气概。说实话,我喜欢男人这样。"

他笑着,把她拉进怀里,充满激情地吻了她的嘴唇。

很不幸,他们的激情被警哨打断了。一个愤怒的小个子男人爬上楼梯向他们大喊,旁边还跟着两个警察。这人是巴勃罗的房东,五十多岁,身材矮胖,咄咄逼人,麻子脸,戴着高帽,留着小胡子,一路上朝着狂欢者大叫大嚷。

两个健壮的、笨重的警察跟在他身后,冲向了巴勃罗。

"就是这个男人,"房东大叫道,"我要让他现在就离开这儿!"

巴勃罗盯着他,就好像一个人在拿着放大镜研究一只昆虫。

"你够胆儿,居然敢开晚会。"这个男人说,"你欠了我三个月租金!我要没收你的全部财产和画。"

巴勃罗把吓坏了的女孩拉到他身后以保护她,晚会的其他狂欢者们见势不妙,都默默地离开了。

"你要是敢碰我的画,就活不到明天!"巴勃罗警告他,坚定的棕色眼睛里流露出凶狠的目光。

"你听听,"房东说着转向警察,"他敢恐吓我……我要把他赶出去!"

警察正要上前去抓巴勃罗,那个女人从巴勃罗身后走了出来。

第二十三章 洗衣船·蒙玛特

"等等！——他欠你多少钱？"

"三十法郎……你问这干吗？"

"跟你没关系……你还想不想要钱了？"

房东笑着，看了她一眼。

"哈！一个婊子想帮着还钱？回你的床上去吧，该死的，你个贱人！"

愤怒的房东踢到了她小腿，又扇了她一巴掌。巴勃罗立即上前死死地钳住男人的喉咙，众人都惊呆了。

警察们担心出事，笨手笨脚地试图将房东从巴勃罗的手中解救出来，但巴勃罗像公牛一样强壮，警察们也无能为力。最后，巴勃罗终于放开了吓傻了的房东，努力平复着呼吸。衣衫不整又惊慌失措的房东后退了几步，整理了一下自己的领带和衣领，想要镇静下来。

"你胆敢再碰她，我就杀了你！"巴勃罗吼道。

房东躲在警察身后，喊道："把他抓起来。他是个疯子——公众的祸害！"

年轻的女孩平静地转向警察。

"警官，这个人试图攻击我，还想调戏我，昨天和今天都有，我要求你把他抓起来！"

两个警察对望一下,完全蒙了,这看起来更像是她在理。自始至终,房东都很激动。

"你觉得你挺聪明,是吧?"房东说,"我下次会带收据来的。"

"我也会上诉的,"她据理力争,"这些警官目睹了你侮辱我。"

"这位女士是对的,先生。"带头的警察说,"我建议你带着你应得的钱离开吧。"

"什么?!"房东神经错乱,几近抓狂。

"是的,拿了钱,走吧。"警察重复道。

房东对她怒目而视,随后看了一眼巴勃罗。

"你要付这个流浪汉的租金?"

她拉起裙子,从吊带袜里拿出一卷钱,数出三十法郎,摔在房东的胸脯上。

巴勃罗不太诚心地反对道:"我不能让你替我还钱……"

"你现在看起来做什么都不顺,"她告诉他,"所以,别说话。我会让事情好转的,你放心吧。"

那个房东舔着手指,贪婪地数起钱来。

"哈,一个妓女照顾一个快要饿死的画家,真是笑话!"房东冷笑道,"你们可真配!"

巴勃罗又扑向房东,但被警察阻止了。房东惧怕巴勃罗的蛮横,仓皇地跑下了楼梯。

巴勃罗在房东后面大叫:"你管这叫房间吗?一个月三十法郎,这是老鼠洞,你个浑蛋!"

女人紧紧地护着他,直到警察把那个邪恶的小个儿男人护送出这栋楼。

楼下的晚会狂欢者们爆发出一阵欢快的掌声,巴勃罗进入角色,权当自己是个英雄,对着人群挥着拳头。随后,他转向那个年轻的女人,用魔鬼般的眼神注视着她,开始疯狂地亲吻她,然后抓起她的手,迅速地带她冲上楼梯,进了自己的房间。

巴勃罗飞快地穿过门,打开临街的窗户,寻找那个傲慢的房东。这时,他正从楼道正门出去。警察忙他们自己的事去了,把这个吝啬鬼留在巴勃罗五层楼窗口正下方的楼门口处。

她来到巴勃罗身后,越过他的肩膀向下看。巴勃罗迅速回到他的画架旁拎起一桶蓝颜料,从窗子倒了出去,正倒在那人的秃头上。那男人发出一声尖叫,拼命地擦着眼睛,四处寻找罪魁祸首,可满眼都是蓝色。当巴勃罗和女孩大笑着退回去时,房东抬头看到了他们,在下面狠狠地咒骂他们。

"我想该庆祝庆祝了!"他说,"你等我一会儿,我去去就来。"

他的小阁楼工作室有两个天窗,但没有壁橱或抽屉放衣服,只能挂在墙上或放进盒子里。角落里有一个垫子、一个画架,还见缝插针地堆着很多画。还有一张破旧的沙发,麦克斯在的时候会拿它当床用。

女孩一边等巴勃罗回来,一边在杂乱的画室里走动,对堆在房间里的画相当敬畏。她想更多地了解这个与众不同的男人的内心。

看着这些数不清的画作,她怀疑一个人怎么能画出这么多的佳作——不可胜数的油画和素描,金属和石头的雕像,哦,是的,还有版画。她还注意到了地上散落的铜板——太多值得一看的东西!

这些"蓝色时期"的画作包括《盲人吉他手》《悲剧》《生命》《拥抱》。她发现画中人物很忧郁,有些悲情剧中的元素,但却通过一种特殊的诗意微妙地表达出来。

她看得瞠目结舌,被画家展现出的赤裸裸的灵魂感动了。

接着,她热切的眼神停留在画了一半的卡洛斯画像上,她看得入了神,甚至没注意到这时巴勃罗已经回来了。他安静地站着观察她,手里拿着一瓶本地产的红酒和两个酒杯。

他看到她拿起那张卡洛斯的画像,那是巴勃罗觉得永远也完不成的一幅画,名为《生命》。

"你觉得怎么样?"

她回头道:"我感到巨大的忧伤和失落。可是,你的画里不能出现点儿浪漫主义吗?"

他耸耸肩,把酒杯放在桌子上。他给她倒了一杯,递给她。

"我只画我有感觉的。作为艺术家,我们就是时代的编年史……不管是被社会遗弃还是成为不受欢迎的人,我们都要把空白填上。"

"也许你是对的,但是你不应该在他们的脸上表现出那种失望。人们都想买喜悦的画,看一些能带给他们快乐的画,能让他们拥抱生命的画。"

巴勃罗喝了一大口酒,把描绘着卡洛斯的这幅忧郁画放在画架上。

"如果他们不喜欢我的作品,大可不必去买。我才不在乎呢,因为我不能让他们来决定我该做什么。"

"如果这样,我将见证一个天才的陨落。当然,你也不会一辈子都画这种蓝色调作品吧?"

"那么你喜欢哪种颜色呢,粉色还是玫瑰色?"巴勃罗笑道。

"为什么不?让我们先喝点儿吧……"他们举杯喝酒。喝完后,巴勃罗又给她倒了一杯。

"你知道吗?我已经好久没和一个女人在一起这么相处了。"巴勃罗说着,很放松,"还有个事儿,我还不知道你名字呢。"

他靠过来,亲了一下她的脸颊。

"我的名字是费尔南德——费尔南德·奥利维尔。"

"我叫巴勃罗……"

巴勃罗张开强壮的臂膀圈住她,把她推到床上。费尔南德并未反抗。他给她垫了个羽毛枕头,让她更舒服。他把她拉近,亲吻她修长、柔软的脖颈。

"……毕加索,"她呢喃着,"我知道你是谁。大家都知道你是谁……"

于是,巴勃罗又吻了费尔南德,他们两个像年轻的情人一样拥抱,探索对方的身体。

床边小桌上熔化了的蜡烛闪烁了一会儿,慢慢熄灭了……

第二十三章　洗衣船·蒙玛特

* * *

　　费尔南德·奥利维尔变成巴勃罗的女人后，巴勃罗的生活发生了变化。她的出现激发他创作了很多立体主义时期之前的作品，特别是1906年他画了《女人与面包》，还创作了雕塑《女人的头颅》和几幅其他画作，其中包括《女人与梨子》。

第二十四章
反常事件

每个清爽、凉快的早晨,人们总能看见巴勃罗和费尔南德手拉手散着步穿过卢森堡花园,在圆形池塘附近喂鸭子和鸽子。在那儿,他们看着孩子们无休无止地玩玩具帆船。花园离拉丁区很近,那是他们远离忙碌和喧嚣的休闲之所。那里有精心修剪的阶梯状花坛和蜿蜒的鹅卵石路,他们享受着风景,悠闲地过着日子。

卢森堡花园原是卢森堡宫的一部分,卢森堡宫是1620年在卢森堡公爵的旧官邸的原址上为玛丽·德·梅德西斯王后修建的。

除了经常流连于清晨的卢森堡花园,巴勃罗和费尔南德有时也会在当地租一辆马车,去城郊闲逛。而下午的时光,他们大多在观赏博物馆的画作和雕塑中度过。

出去好好地逛了一天之后，巴勃罗会回到洗衣船的画室开始工作。画室本身很小，但很舒适，虽然对他们俩来说是远远不够大的，但他们总能想出办法去克服。小家里到处都能看到费尔南德精心布置的痕迹，花瓶里总会有新鲜的野花，那是他们去花园和乡下的小道旁摘的。偶尔，如果天气允许，他们会带一篮子奶酪、水果、新烤的法国长面包或羊角面包、橄榄油、咸干鱼或烤鸡块和火腿（如果他们买得起），去河边度过休闲的午后，边吃边喝，聊天，畅想未来，看游人散步——这些都是让巴勃罗备感满足和幸福的事情。

沃拉赫还代理着巴勃罗的作品，但情况并不乐观。在巴勃罗和费尔南德相处的这段时间里，沃拉赫几乎没卖出巴勃罗的什么作品，巴勃罗在沮丧和失望中艰难度日。很多时候，人们都能看到他胳臂下夹着成堆的画作，爬上有些陡的五层楼梯到他们的小破屋，这时候费尔南德一般是坐在那面小的盥洗台镜子前，梳着漂亮的长发，她身上的香水味道总能引起巴勃罗的无限遐想。

一天，巴勃罗走进门，一脸疲惫，把画作放下，脱掉他黑色的、三颗扣子的海军呢大衣，扑通一下倒进椅子。

第二十四章 反常事件

费尔南德仍然坐着,梳着头,好奇地从镜子里看着他。

"今天在沃拉赫那儿怎么样?"

"不怎么样。他不喜欢我这些粉色系的作品。"

她把梳子放下,穿上她的米色丝袜和鞋。

"也许是素材的原因,"她说,"画些欢快的内容,也许人们就会买了。"

巴勃罗感受到了侮辱:"为了钱,让我妥协吗?我才不干!"

她有些生气地站起身,把睡袍系上,

"那么好吧!我们往后靠什么活?如果不是我们慷慨的朋友的救助,我们会饿死的。"

"我不想再听这些废话了,"他也发怒了,从冒尖的烟灰缸里拿出一根半截的烟,"我累了。"

"哦,你累了?好吧,我也累了!"

她穿上衣服,又穿上外套,向门口走去。巴勃罗抓住她的胳臂,用威胁的眼神看着她的眼睛。

"你去哪儿?"

"去酒吧,如果你不介意的话。我为什么要回答你?"说着她从他的掌控中挣脱出来,"这里都是我在付账!"

"等等,回来,"他恳求道,"我不是那个意思……"

费尔南德冷冷地看着他,"我需要单独待一会儿。我有我的工作,你也有你的。"

"我理解——我只是希望事情不是现在这样。全都是为了钱,我快受不了了。"

"哦,醒醒吧,现实就是这样……"

她说完,跨出房门。

* * *

晚上,蒙玛特的街上,新建成的著名的"红磨坊"附近,马车在林荫大道上轻快地来来往往,琥珀色的煤气灯光照亮了潮湿的鹅卵石街道,从塞纳河升起一层轻薄的雾。在这条绿树成荫的街道上,有很多你侬我侬的情侣和眉目传情的妓女伴着晚上的凉风散步,还有很多贫穷的艺术家在画架上展示着他们的作品以待出售。他们中有许多人在后街上工作和生活,每天靠卖给那些有欣赏眼光的路人少许画作,换取微薄的收入来支付他们的房租。

费尔南德站在一个巨大的罗马式维纳斯喷泉雕像的阴影下,与一位戴着高帽、衣着考究的男士谈话,男士的马车和马夫在一旁候着。他们交谈了几句,她简单地点点头表示同意,然后踏上了这位富人的马车。

* * *

深夜,费尔南德小心地开门,进屋。屋子里很黑,她点了一根蜡烛,发现巴勃罗已在床上睡着了,他的衣服散落在光滑的木制地板上。

她从书架上拿下一本《圣经》,把手伸进胸衣拿出一些钱,夹进书里;然后脱了衣服,爬上床,吹灭了蜡烛。

第二十五章
格特鲁德的聚会

1874年2月3日,作家和艺术赞助商格特鲁德·斯泰因出生在宾夕法尼亚的阿勒格尼,她应该算是二十世纪最有想象力、最有能力、最有影响力的作家之一了。

作为一个富商的女儿,她的童年是和家人在欧洲度过的,后来搬到了加利福尼亚的奥克兰。1898年,她从拉德克里夫大学毕业,获得学士学位。在学校时,斯泰因师从威廉·詹姆斯学习哲学,深受他的思想影响,后来她又去了约翰·霍普金斯医学院学习医药。

1903年,格特鲁德搬到巴黎,投靠她的哥哥利奥。两人开始收集后印象派画家的作品,因此帮助了几位新秀画家,如亨利·马蒂斯和巴勃罗·毕加索。她和利奥在弗勒吕斯街27号建立了一个著名的文化和艺术沙龙。格特鲁德钟爱巴黎,打算在此永久定居。就在1909年,她遇到了以后成为她助手的爱丽丝·B.托克拉斯,后来两人成了终身的伙伴。

格特鲁德从事写作已经很多年,逐渐开始发表一些创新著作,如1909年出版的《三面夏娃》《美国人的创造:一个家庭进步的历史》《软纽扣:对象、食品、房间》。

因为格特鲁德喜欢在散文中加入抽象和立体主义,许多文学学者声称,她的作品即使是对爱好文学的读者来说也不是很容易理解的。

在格特鲁德宽敞的客厅里聚集了不少朋友,有些在深度探讨人生,有些则坐在沙发里。房间装饰得很典雅,挂了很多大幅的现代画,靠近后墙处设立了一席豪华的开放式自助餐,费尔南德和阿波利奈尔正站在那儿聊着天。

一个勤快的侍者,穿着红色马甲,系着白色领结,在人群中穿梭,手中托着银盘,为客人们提供玛莉安妮酒。他递给坐着的

第二十五章 格特鲁德的聚会

巴勃罗一杯酒,这时巴勃罗正在听格特鲁德跟另一个人滔滔不绝地说着关于野兽派的长篇大论。

巴勃罗呷了一小口酒,感到喉间瞬间清凉了,头脑思维也随之清晰了。

"哦,这是什么酒?"他问侍者,"我觉得这酒很带劲啊。"

微笑的侍者给他看了下标签。

"先生,这是'玛莉安妮',是用最好的红酒混合了南美产的可可籽做的。"他眨了一下眼,然后继续给其他客人倒酒去了。

巴勃罗向格特鲁德敬酒,又呷了一口,接着开始端详杯里的酒。

格特鲁德笑了,觉得巴勃罗天真得可爱。

"听说这酒现在在欧洲大陆十分流行,甚至教皇本人也臣服于它恢复活力的特性。"

接着,她转向身旁一个长相特别的绅士,他叫费利克斯·巴东,是一个艺术评论家,肥胖而不修边幅,四十出头的样子,不太善于交际,是位众所周知的同性恋。

"啊,费利克斯……"她示意他,"我想给你介绍一下这位年轻的艺术家,我认为他很有发展前途。"

费利克斯不耐烦地瞥了一眼,"哦,真的吗,亲爱的……我好像之前总听你这样说啊。"

"相信我,费利克斯……"她戏谑地责备他,转向巴勃罗,"这是费利克斯,法国最好的艺术评论家之一。如果你和他多亲近,就会得到他很多帮助。"

巴勃罗并没有在意,而是看向一旁,这却引起了费利克斯的兴趣,这个新来的家伙怎么能这么拽!

"那么,你就是阿波利奈尔告诉我的那个小子?"费利克斯说,"好像很拽的样子啊,你的作品有什么过人之处呢?"

巴勃罗不以为然地笑笑:"这有些像一篇评论文章的开场白啊。我不解释我的作品,我只负责把他们画出来。"

格特鲁德已经感受到了空气中弥漫的紧张气氛。

"先生们,我想我要离开一会儿,去那边聊聊天,你们好好聊。"说着,她离开他们,去跟壁炉旁的客人聊天去了。

费利克斯靠近巴勃罗,想一探究竟地看着他。

"很聪明……"费利克斯说,"你知道吗?你看起来像是特别内向的人。说实话,我不关心你干什么,但给你提个建议,如果你想成功,最好得到合适的人的支持,独木不成林,你知道我说的意思吧。"

第二十五章 格特鲁德的聚会

巴勃罗转过身,看着壁炉旁的格特鲁德。

"我明白……我想,你的意思是指得到你这样的人的支持吧?"

费利克斯给了他一个灿烂的笑容。

费利克斯说:"你懂的。"他把手放在巴勃罗肩上,深情爱抚着他的衬衫,感受着那种纤维的粗糙质感。

"我想你误会我了。"巴勃罗说着认真地挪开了他的手。

巴勃罗站起身,走向自助餐台,费尔南德和阿波利奈尔正站着聊天。

巴勃罗离开后,费利克斯顾自笑了,看着巴勃罗走向餐台,往盘子里添食物。费利克斯喜欢这个新的挑战对象。

"那个跟你说话的男人是谁?"费尔南德问道,呷了一下酒。

阿波利奈尔突然抢过话头:"那人啊,我的妈呀,那不就是费利克斯·巴东吗!现在最著名的评论家之一。他们说他在专栏里的一个词就能开启或断送一个艺术家的前程。他很有影响力的,我的兄弟。"

这个点子——让费尔南德为巴勃罗感到兴奋,不就是他们在寻找的突破口吗!只要巴勃罗为了公众稍微放下点儿架子,低调那么一点点就行。这绝对是个难得的机会。

"这不是很好吗,巴勃罗,他都跟你说什么了?"

"他说他不在乎我做什么,只要我跟对正确的人。"

"哦,这没错呀!"

"我想巴勃罗是想告诉你,"阿波利奈尔说,"费利克斯好像在劝诱他。"

费尔南德愣住了。

"怎么,什么都不说了,亲爱的?"巴勃罗笑道。

费利克斯在这个时候突然出现,拍拍巴勃罗的肩膀,"你不给我介绍一下您的女性朋友吗?我和阿波利奈尔先生早就认识了。"

"哦,这是费尔南德·奥利维尔……"

"很高兴认识你。"费利克斯说着,鞠了一躬,并亲了一下她的手。

她也很礼貌地回敬了一个屈膝礼,说:"别人告诉我,你是巴黎最好的艺术评论家。"

"也许吧,亲爱的。"他沾沾自喜道。

但是,说话间他就忽略了她,他的眼里只有巴勃罗。

这时,格特鲁德在房间对面向费尔南德招手,引起了她的注意。

"哦,我想格特鲁德有事找我,如果您不介意的话,"她说,又低声对巴勃罗耳语,"对人态度好点儿,说不定他真能帮你呢。"

阿波利奈尔见此情况也想走,便跟费尔南德说:"可以和您一起吗?"

巴勃罗在自助餐桌上拿了一个盘子,加了一大堆沙拉和热腾腾的意大利面,然后又拿了一块奶酪饼,咬了一口。

费利克斯溜到巴勃罗身后,体贴地摩挲着他。巴勃罗咽了一大口,差点儿噎到。

巴勃罗微笑着回头,欣然道:"你现在觉得好玩吗?"

"你看起来还算比较明智,"他咧嘴笑着,"你们那些愚蠢的艺术家想要获得认可……"

"真的吗?"巴勃罗带着疑问的表情盯着他,"哦,认可这个嘛……如果你的咸猪手再敢碰我一下,你离开时就不会再带着它了!"

巴勃罗一个转身,突然将满满一盘子食物倒在费利克斯的头上。大家都惊呆了,人群中有人嗤笑,有人大笑。"著名的"费利克斯·巴东站在那儿,气得发抖,一大团沙拉和意面从他通红的脸上滴下来。

巴勃罗走开了,留下备感屈辱的巴东独自站在自助餐会中。

格特鲁德跑向费利克斯,大惊小怪地帮他把所有的食物从他衣服、脸上弄掉,露出那张肥脸。

"哦,费利克斯,你应该知道这是个误会。你什么时候能明白?他可不是那种轻易能被操纵的人,就有这种人,你吓不倒的!"

费利克斯的眼睛扫视着房间,气愤地寻找着巴勃罗。

"我会让这个小黑鬼知道我都能干什么!"他用一方亚麻餐巾擦着脸,"咱们没完……"

第二十六章
梅德拉诺马戏团

1905年，巴勃罗放弃了蓝色时期的颜料和素材，转向画露天马戏场和马戏团表演者，采用一系列浅红色色调来描绘他们。于是，他的作品到了众所周知的"粉红时期"。在这期间，他不仅关注街道和郊区的素材，还在梅德拉诺马戏团采集第一手的人物素材。

梅德拉诺马戏团是一个集合杂技演员、音乐艺人和小丑的流动团体，他们通常被称为江湖艺人，靠娱乐大众谋生。这些被压迫的小人物形象通常被应用到当代的浪漫主义和象征主义艺术中，出现在从杜米埃、修拉到波德莱尔和兰波的诗句中，他们一直处于一种忧郁的、与社会疏离的状态。

流动的马戏团和马戏团里面的江湖艺人成为巴勃罗这一时期偏爱的主题，他也乐于同他的新朋友纪尧姆·阿波利奈尔分享这些主题。无论是阿波利奈尔，还是巴勃罗，都描绘过这些漂泊的流浪演出者，如1905年的《站在球上的少女》、1905年的《演员》，这些画作也变成了画家对自己社会地位的一种暗示。巴勃罗在他的一幅画中更是表明了这点，那就是1905年画的《卖艺人家》。画中，他把自己画成了一个丑角，把阿波利奈尔画成了一个壮汉。

　　在纪尧姆·阿波利奈尔的诗作中，杂技演员有一种神秘的、迷人的特质，这也清楚地呼应了巴勃罗的画作。

　　通过巴勃罗的油画、水彩画、水粉画、素描和版画可以看出，巴勃罗更倾向于展现那些露天马戏场演员休息时的状态——通常是在室内的和谐而又温暖的场景中，这和他们相当贫穷的环境以及江湖艺人作为"被忽视的艺术家"这一象征的传统角色有着一些内在的联系。

　　在一个温暖的夜晚，蒙马特林荫大道的一条小街上，一个马戏团已经在点燃的煤油灯下搭起了表演展位。江湖艺人的帐篷里，杂耍演员、小丑和音乐艺人表演的特色节目正在进行，以此

第二十六章 梅德拉诺马戏团

迎合过路人的好奇心。这个生动的节日般的场景,相对这个脏乱不堪的地方不值一提,但对于穷人们,马戏团却是重中之重。

一个招揽顾客的人站在一个写着"科学博物馆"的展位前向过路人大声叫嚷着。这个男人快四十岁了,戴着一顶白色草帽,留着长长的八字胡,头上戴着红色的假发。

"来看啊——"他招呼道,"先生、女士们,往这儿看。伯莎,有两个头的婴儿。大胡子女人、蛇人,还有更多……朋友们,往这儿瞧,往这儿看啊!"

一个六十多岁、面色庄重的妇人走上前,木然地看了看钉在展位前的那些畸形怪物的照片。

"你怎么敢给公众看这些!"她愤怒地责备道,"真是太恶心了!还有那些花钱看这些的人,也一样恶心!"

巴勃罗和费尔南德正在附近散步,听到这些后,停了下来。

"哦,女士,我只是在这儿工作而已。"招揽者说,"我们也得谋生啊。现在,请走开吧!"

女人看到巴勃罗和费尔南德,想让他们站出来为她助威来反对那个男人。

"这是伤风败俗,"女人继续说,"他们这些骗子利用这些可怜的生物来挣钱。这是违法的,你们是不是也这样想?"

巴勃罗看着费尔南德,翻了下白眼。

"事实上,夫人,我不这样认为,"巴勃罗说,"我的意思是,我理解你说的意思,但是我不同意。举个例子,如果没有街头表演的收入,这些被你称为'可怜的生物'的人靠什么生存?你会养活他们吗?还是政府会?……都不会吧!"

人们为巴勃罗有深度的回答鼓起掌来。一个有趣的小侏儒和大胡子的女人从幕后走出来,警惕地站在招揽者身旁。

"快走吧,你这个老巫婆,啊——"侏儒叫道,"你把生意都搅黄了!"

"是的,走远点儿!你这个可怜的老生物!"大胡子女人咆哮道。

老妇人拉起裙子,气愤地走了。侏儒又转向巴勃罗,握着他的手说:"我们真的把那老女人赶走了,是吧,巴勃罗。"

花了无数个小时的时间来给这些可爱的人画素描和油画,他和费尔南德几乎熟识了每一个人,也被他们当成了家人。这是一个多元的大家庭,大多数长相怪异的人已经被他们真正的亲人抛弃,被社会全体嫌恶和回避。没有人指引这些自然界的"怪物",他们只能在这个冷漠的世界里竭尽所能地保护自己。因为物以类聚，人以群分，自然界会寻找出自己的发展规律——他们联合起来，在这个世界里又建立了一个自己的世界，被大多数人视为异类的人们，互相认可，不顾一切地生存了下来。

巴勃罗和费尔南德被他们所有的朋友致以发自内心的问候。

"费尔南德，你总是这么美艳动人，"侏儒称赞道，"刚才吉恩和玛丽在找你们俩。你们可以去他们的展位找他们。"

"我们这就去，走吧，费尔南德。"

巴勃罗拉着费尔南德的手，沿着这排展位向下走，时不时地停下来跟他们聊天或握手。

"我很高兴看到你画的色调比以前欢快了，不再那么阴沉了，包括你自己，"费尔南德说，"我想是这些马戏团的巡回表演对你有了启发。"

巴勃罗停下脚步，亲了她。

"那是因为你一直对我很好。"

费尔南德依偎着巴勃罗，两人继续向前走，享受着这些底层小马戏团所有的气味、景象和声音。就是在这里，在这种被社会遗弃和拒绝的氛围中，巴勃罗感觉最自在。就是在这里，他觉得能最亲切地接触到纯粹形式下的人类灵魂。他并不为他们感到悲悯或羞耻，他惊讶于他们对生活的热情和忍耐，尽管命运让他们不幸。

他们躲进一个小马戏团的帐篷里，地板上覆盖着木屑和粗糙的破旧地毯，屋角放着一张临时床，床上有个用稻草填充的枕头。唯一的烛光照亮了这个斯巴达式的屋子，屋内堆满了各种型号的重物和哑铃，以及几十个各种颜色的球。

吉恩，一个个子高大、肩膀宽厚的举重运动员，是马戏团的大力士。他二十刚出头，乌黑润滑的头发贴在圆圆的脑袋上，雕塑般的身体闪着油光，这让他的皮肤和肌肉看起来很柔软。

他年轻的妻子玛丽，留着褐色的头发，剪得很短。她很娇小，骨瘦如柴，像个洋娃娃，但身材比例很好。她穿着粉红色的紧身衣和短芭蕾舞裙，在一个大球上保持平衡并灵巧地行走，用脚趾让它在地上滚动。

看到巴勃罗时，他们停止了正在做的事，真诚地欢迎他们。巴勃罗能看到他们微笑背后的疲劳和忧伤。巴勃罗想，他们一定总是这样。

"巴勃罗，你回来了，"玛丽笑道，"我想你是离不开我们这些不幸的穷人了，感觉如何啊？"

"马戏团表演者、诗人、作家、演员或艺术家，"巴勃罗说，"我们的痛苦都是相同的——我们都被社会嘲笑和边缘化。"

"别介意，巴勃罗，"吉恩说，"最近没什么活儿，所以她总爱发火。你今天还给她画素描吗？"

巴勃罗没有回答，拿出画板和铅笔开始作画。

"我想这次我要画你们俩，你们同意吗？"

"当然，太好了！"吉恩说着举起一个沉重的哑铃，摆了个姿势。

费尔南德拉过一把椅子，陶醉地凝望着他们。玛丽拿过一个大的红色条纹球，开始了她日常的体操表演。

"我们为什么不结婚呢？"费尔南德对巴勃罗小声说。

他画画的笔停顿了一下，转向她，"结婚？你疯了吗？"

"这是人之常情啊，你说呢？"

"我们负担不起。我们不是住在一起吗？这和结婚有区别吗？一纸婚书并不能让我们的生活变得更好。"

"可它对我有意义——这意味着你真的在乎我。"

巴勃罗看了费尔南德一眼，继续画素描。

"我当然在乎……"巴勃罗喃喃自语道。

费尔南德靠过来，温柔地把画板从他手里拿开，然后站起来，向后退去。

"让我看看你有多在乎。"她挑逗他。

巴勃罗抓住她,他传神的黑眼睛里露出深情,他把她轻轻地放倒在干草地上,她高兴地尖叫起来。

吉恩和玛丽咯咯地笑着,跑去凑热闹。

巴勃罗给了他们一个顽皮的笑容。

"你们两个能好心地让我借用一会儿你们这个地方吗?"

"哦,当然,我明白,小两口儿想单独待会儿。哈!来吧,玛丽,我们去工作了。"

吉恩眨眨眼睛,离开了,关上了身后展位的门。

第二十七章
独立展览·1906

独立展览是独立艺术家协会自1884年起每年都会在巴黎举办的展览,是巴勃罗向往的地方,他一直希望有一天能参加展览,因为它享誉已久。

十九世纪晚期,法国的艺术和绘画出现了革命性的发展,在这个过程中艺术家和公众都对官方沙龙严苛、专权的政策越来越反感。1667年至1737年间,除举办零星展览外,皇家绘画学院每年也举办展览,而且从1661年开始,它的艺术教学和展览就几乎由官方全权掌控。直到1863年,创新艺术家们举办了一次废品展览,展出的作品都是官方沙龙摒弃的东西。

1880年,当沙龙又一次拒绝了印象派和后印象派画家的作品后,愤怒升级了。1883年,印象派画家举办了第二届废品展览。1884年,独立艺术家协会成立,并举办了非评审团展览,接收任何想参加展览的艺术家的作品。

独立艺术家协会的第一次展览是在巴黎城市厅举办的,参展作者包括奥迪隆·雷东、亨利·埃德蒙·克罗斯、保罗·西涅克、保罗·塞尚、保罗·高更、亨利·德·图卢兹·罗特列克、文森特·威廉·凡·高和乔治·修拉。其中,乔治·修拉的《阿尼埃尔的浴场》是1883年画成的,同年被官方沙龙拒之门外。截止到1905年,亨利·卢梭、皮耶·勃纳尔、亨利·马蒂斯和野兽派画家的画作都在每年的展览上展出过,并取得了不同程度的成功。

坐落于香榭丽舍大道上的大皇宫前门上方悬挂着一个大横幅,上面写着:"独立艺术家协会出品——亨利·马蒂斯——现代艺术展1906"。

阿波利奈尔在格特鲁德·斯泰因和唐·路易斯的陪同下,带着巴勃罗走进展厅,一起悠闲地看着展览。

"哦,你感觉如何,巴勃罗?"格特鲁德问道。

"可以说,非常了不起。我想知道作者本人在哪儿。"

第二十七章 独立展览·1906

"他可能就在这附近。"格特鲁德说着,扫视着大礼堂。然后,她看到马蒂斯正被一些新闻记者包围着。他是个小个子,年近四十的样子,留着棕色波浪短发和小胡子,穿着灰色条纹西装。当他回答记者的问题时,露出一种精明的自信。

格特鲁德和唐·路易斯都很迫切地希望巴勃罗去跟他见见面。当马蒂斯瞧见他的老朋友阿波利奈尔时,唐·路易斯和格特鲁德也跟了上来。马蒂斯轻轻地舒了一口气,推开了身边跟着他的闹哄哄的记者。

"今天可以了,"他对新闻记者说,"我们稍后再继续,现在请原谅……"

格特鲁德向前一步,他们拥抱、亲吻。马蒂斯真的很高兴见到他们。

"亨利,我的老朋友,你怎么样?"格特鲁德兴高采烈地说,"看起来又是一场成功的展览,肯定有一半的巴黎人都出席了!"

马蒂斯转向阿波利奈尔,"纪尧姆、唐·路易斯,很高兴见到你们。欢迎!你们看起来不错啊。"这时他注意到了巴勃罗,"和你们一起来的这位年轻人是谁啊?"

"亨利,我非常乐意给你介绍这位巴勃罗·毕加索先生。"

格特鲁德说着,给他们相互介绍。

马蒂斯恍然大悟,仔细地看着他,一种厌恶的表情令他皱起眉头。

"什么?你带来的这位年轻新贵就是复制我作品的那位?"他突然转向巴勃罗,"这是怎么回事,你为什么要模仿我?"

"放轻松,亨利。"阿波利奈尔恳求道。

巴勃罗被马蒂斯的拙劣行为惊呆了,因为自己一直把他看成是活着时就获得名望的伟大艺术家。巴勃罗想:"真是悲哀,这种地位的人也会感到被威胁吗?"

"对不起,马蒂斯,"巴勃罗说,"我并不是刻意要模仿谁,只是吸取某些灵感,我是永远不会去模仿的。不过,我的确试着画得比你更深刻,希望不会被你嘲笑或嫉妒。"

"那么,去找你自己的风格吧!"马蒂斯痛斥道。

巴勃罗听到这些话后感到难以置信。

马蒂斯转向阿波利奈尔,表现得非常失望:"为什么你们要把这个粗鲁的家伙带到这儿来,是要羞辱我吗?"他背对着巴勃罗,好像这样做,巴勃罗就会消失一样。

"哎呀,亨利,你过虑了,"格特鲁德拍拍马蒂斯说,"你们两个有些共同点,都崇尚原始主义,都是艺术界的先驱。"

第二十七章　独立展览·1906

马蒂斯怒视着巴勃罗,说道:"呵呵,当然了,他对我来说的确很原始!"

唐·路易斯大声说:"亨利,试想一下,如果你们两个合作,一定会将现代绘画发扬光大的!"

这时,阿波利奈尔注意到旁边有个玻璃展柜,正在展出一些非洲的小手工图腾刻件。他迅速走过去,拿起一个,举起来给大家看。

"图腾可以雕刻成任何自然或非自然的物体、人或动物,可以是木制或其他材料制成,对个人和个人生活中息息相关的现象和能量有着个人的象征意义。"

"我想这和非洲部落有关吧。"马蒂斯倔强地说。

"是的,它的确和非洲部落有关,"阿波利奈尔说,"对于某些部落,图腾代表着更大的部落,而不是个人。因此,氏族和部落可以拥有图腾。图腾意味着团结、荣誉、共同反对玷污氏族行为的意愿——比如乱伦这样反社会、道德败坏的行为。"

"乱伦?……我的天哪,这和其他事有什么必然的联系吗?"马蒂斯咕哝着。

"图腾成为一种身份的约束标志,它不仅是一种个性的标志，也是作为一种识别和纽带的参考点。"

"我开始明白你的意思了。"阿波利奈尔继续他的讲解时，格特鲁德插话说。

"这个图腾就是个完美的例子，"阿波利奈尔说，"它有无法想象的历史，在史前，在宇宙未形成前，在文化形成前，那是深深扎根于潜意识中的东西——一些非常原始和暴力的东西。"

当阿波利奈尔说话时，巴勃罗创造性的头脑开始运转了。他把图腾想象成一个全木制土著人，在浓密的丛林中和非洲野生动物一起奔跑着、尖叫着，背景中有击鼓声在响着。

阿波利奈尔看了看马蒂斯和巴勃罗，把巴勃罗从遐想中点醒。当巴勃罗回过神来后，他轻轻地从阿波利奈尔手里拿过这个小小的非洲图腾，仔细地研究起来。

"还不明白吗？在你们两个人的作品中，你们触及了一些独特的东西，"阿波利奈尔继续道，"但是你们只触及了表面。现在，你们必须进入下一阶段，将自己从原来设想的或考虑的那些东西中跳出来。"

"说得好，纪尧姆，"唐·路易斯赞扬道，"太棒了！"

"他的口才真好！"马蒂斯咯咯笑道。

第二十七章　独立展览·1906

"我在一家古玩店里见过这样一个图腾,"巴勃罗评论道,"这些的确值得思考。"

"那么,你就好好思考吧。"马蒂斯回答,"如果这能帮你发展出自己的风格,我是非常赞同的。但是,记住,野兽派是我的领地!——现在,我的朋友,我必须走了,我还有个访问。"

马蒂斯戴上他的高帽,朝等候的记者们走去,留下他们继续热烈地讨论图腾。

第二十八章
逐　出

在费尔南德和巴勃罗的小画室里，费尔南德像平时一样在写她的日记，巴勃罗在画架旁聚精会神地画画。

"他工作时就像被恶魔附体，好像时间要走到尽头……"她写道，"油画是他的最爱，他的'秘密渴望'隐藏在神秘的、强烈的驱动下，去一层层地画他的颜料。"

持续、响亮的敲门声打破了屋子里的平静。巴勃罗继续画着画，费尔南德起身去应门，没想到看到的是奸笑着站在那里的房东，后面跟着两个警察，手里拿着警棍。老房东跟她抖了抖手里的纸，不怀好意地笑着。

"我给你们带来一份结婚礼物……"他冷笑道，"这是你们的搬迁通知！警察可以做证，收下吧——你们还有两天时间，否则我就把你们赶出去！"

"什么，只有两天？！"费尔南德抗议道。

巴勃罗把他的调色板扔到地上，愤怒的火苗在他的眼睛里燃烧。

房东不安地躲到警察身后，费尔南德站在巴勃罗和警察之间。

"他就是那个人！"房主不安地说，"他又在威胁我！"

"对不起，先生，"警察说，"但您必须遵守搬迁命令。"

巴勃罗一动不动地站在门口，一时无语，他想勒死这个浑蛋房东，他拼命克制才没把手伸向房东那骨瘦如柴的脖子；相反，他不情愿地点点头。房东连忙转身，和警察迅速离开了。

费尔南德关上了身后的门。

"吸血鬼！"她痛哭道，"这些杂种都一样！巴勃罗，我们怎么办？我们去哪儿呀？我都没钱了。"

巴勃罗走向窗边，望着窗外潮湿、灰暗的街道。闪电如霓虹般照亮了天空，随后雷声大作，好像要把这座老式、松散的建筑彻底击倒。外面下起雨来了，噼里啪啦，越来越大，他不得不关上窗子。

"我们会离开法国一阵子。我知道西班牙有个不错的小村子……"

"西班牙？我们怎么去？走着去？"

"当然不，格特鲁德在等着她那幅肖像呢。如果我完成了，她就会给我钱的——我今晚去见她。给我点儿零钱，我去旁边的市场买些吃的、用的。"

她不情愿地把手伸进钱包，递给他五法郎。他抱着她亲了一下，向门口走去，在肩上搭了一个雨披。

"别担心，我亲爱的，你会爱上我的国家的。我们会尽快离开。"

第二十九章
回到戈索尔·1906

1906年冬,巴勃罗回到了戈索尔,一直待到次年的八月中旬,这段经历彻底改变了他。这里几乎没有路,地广人稀,只有很少的居民。巴勃罗一回来,就发现无处可去,只能和费尔南德一起搬到坦帕市唯一的小旅馆住下。

村庄小,很安静,可以充分享受有农民和牧羊人的田园生活。与巴黎相比,这里几乎没有什么社交活动,在岁月静好的日子里也没有太多事可做,他不只画费尔南德,还把当地的牲畜和村民当素材。他在这儿居住期间,作画色调、素描风格和构图节奏又发生了翻天覆地的变化。

巴勃罗从不轻易决定用什么颜色,于是他又恢复了采用一种

更西班牙式的单色调画风。"蓝色时期"的色调被一种称作"粉红时期"的色调所代替,这个时期是从1904年年末到1906年。在这期间他描绘陶器、肉和土本身,就像他在1906年所画的《后宫》描绘的那样。

相应地,巴勃罗似乎在采用一种新的颜色处理方式来画画,企图更接近雕塑形式,这特别表现在他1906年的画作《两个裸妇》和《化妆》中,而《拿着调色板的自画像》表现了他发现的原始伊比利亚图腾雕塑对他的影响,也表现了他自己的新发展。

* * *

时间来到寒冬腊月,西班牙的加泰罗尼亚省戈索尔的比利牛斯山区村庄刚下过雪,小路上一片雪白,泛着银光。不久前,狂风暴雪侵袭了这片荒凉的土地,老天用了不止一种方式证明这是一个严冬。

这时,巴勃罗和费尔南德已经搬进了一个小木屋,在村庄中心的这个只有三个小房间的房子里只有一个很小的火炉供他们取暖。他们不得不穿上很多层衣服来御寒,巴勃罗为了画画,还得把毛手套的手指去掉。在壁炉上,他们总会挂一个大锅,里面烧

第二十九章 回到戈索尔·1906

着热气腾腾的水,用来煮茶或咖啡,同时也是为了取暖。

巴勃罗在研究格特鲁德·斯泰因的几个黑白凹版照片,费尔南德搅动着锅里加热的东西。两人都像往常一样穿了很多层衣服取暖。

"怎么回事,巴勃罗?你答应她的画现在还没开始画?你什么时候开始?"

"她就是头蠢猪!……我怎么能把这么丑的长相画成漂亮的脸蛋?"巴勃罗扔下照片,费尔南德继续搅动着锅里的食物,无奈地摇了摇头。

"我们都快饿死了,如果不是先冻死的话。我们能吃的只有豆子和土豆了。你就画吧,按你自己的方式。"

巴勃罗走到书架旁,拿起他放在那儿的小小非洲图腾,仔细地端详,深思良久,然后又把它放在画架旁的桌子上。

"我想我有办法了。"

"是吗?就靠那个破雕像?"

"我想做些新的尝试……"

费尔南德听得不耐烦了,气呼呼地把炖锅砸到两个盘子上,里边的汤洒了一地。

"随你便吧,反正你得完成这个该死的画像吧,然后就能收到她欠你的另一半钱了。我们需要钱！我想过得像个人样！"

"闭嘴，八婆！"巴勃罗大喊，"你一直在旁边唠唠叨叨，我都没办法思考啦。"

她把他那盘子食物拿起来，扔到墙上，愤然而去。

"婊子！——你以为你是谁？！"

他不再管她，转身回到画架，开始画画。

那天晚上，费尔南德回来时，发现小屋很黑，没有灯光从昏暗的窗户里射出来。巴勃罗可能睡着了，现在很晚了，她不想吵醒他。她悄悄地打开门，进到客厅，让眼睛适应一下黑暗。屋里一片寂静，巴勃罗倒在椅子上睡着了。她看了一下画架，看到了他画的格特鲁德——格特鲁德的眼睛好像中了邪。以上帝的名义，那是什么啊？

她粗暴地把那个睡着的人摇醒。

"你都做了些什么？你画的这是什么玩意儿！"她脱口而出。

巴勃罗睡眼惺忪地看向她，慢慢起身，气得拳头攥得紧紧的。

"你想干什么，你这个丑女人，我还没画完呢！"

他狠狠地掴了她一个耳光。费尔南德尖叫一声，"砰"的一下撞到墙上，随即，她哭着跑进卧室。

第二十九章 回到戈索尔·1906

离天亮还早,巴勃罗又开始工作了。他想象着那个非洲图腾跑过暗黑丛林,伴随着阵阵鼓声,一些生动的画面逐渐呈现在他的脑海里。

画布上的格特鲁德·斯泰因的炭笔素描除了背景已经差不多完成了,巴勃罗看着这张画,突然将浓墨和灰色颜料涂到她的脸部周边,格特鲁德的脸变得像戴了面具一样,仿佛就是一个非洲雕像。

巴勃罗发狂般地在调色板上混合着颜料,再把它拍到画布上,前后调整着看图腾画作的角度,似乎处于恍惚的状态,慢慢地格特鲁德的脸被画成了非洲面具,越来越鲜活……

他周围的小屋墙壁仿佛开始融化成了一幅奇异的场景:他被雾霭笼罩的茂密丛林包围着,鼓声一直未停,震耳欲聋,格特鲁德的面貌出现在他面前,各个角度,各个平面——她好像要说什么,但他听不到,因为鼓声太大,这些都已经不重要了。

更多更多的黑色、褐色、赭色和白色的颜料到处都是,从他的前臂向下滴到他的白色农布衬衫上。画中的格特鲁德伸出一条粗壮的臂膀,抓住他的颜料刷,摔到地上……

巴勃罗醒来时,发现费尔南德站在他身旁,一脸紧张的表情,颜料刷在她手上。"巴勃罗,巴勃罗,你摔倒了,你就像被魔鬼附体一样,发生什么事了?你可不能再这样了。"

他费劲地站起来,走向画架,费尔南德在他身后,从他肩头看过去,看到了重新画好的格特鲁德的肖像。

这回不像她想象的那么糟了,她笑了。"这回好多了,的确是一种全新的呈现方式,但我还是觉得斯泰因夫人不会喜欢这种样子的。"

他把颜料刷扔到桌上,精疲力竭道:"我才不会按她想要的画呢!"

"为什么不呢?"

"因为我发现格特鲁德的脸并不是这幅肖像的核心。我要做的是抓住她在时空中的本质,用我的话说,她有一天会长成这样的。"

这时,忽然有人敲门,费尔南德吓得差点儿倒到巴勃罗怀里。平静了一下后,她走过去开门,发现门口站着村里的老邮递员,穿着厚厚的大衣,戴着帽子,掸着靴子上的雪,手里拿着一卷《巴黎公报》。

巴勃罗冲过去,焦急地从他手里拿过报纸,开始迅速翻阅,

第二十九章 回到戈索尔·1906

找寻艺术文章。不一会儿,他找到了他要找的评论页。

"在这儿,"他兴奋地说,接着读出来,"新兴艺术家巴勃罗·鲁伊斯·毕加索在沃拉赫画廊展出的作品是赤裸裸地模仿马蒂斯,是对他的蔑视。显而易见,这位年轻的西班牙人没有能力做自己的原创,他将注定并永远地处于平庸、陈腐的境地!"

巴勃罗把这页撕下来,揉成一团,扔到地上。他拿起格特鲁德·斯泰因的画像,把它扔进火炉。惊诧、悸动之余,费尔南德跑过去,在最后一刻挽救了画像。

"你傻啊?你这是干什么?至少他们在报道你,你看不到吗?"

"看什么?我明白评论界在干什么,他们想毁了我!"他愤怒了,在屋里踱来踱去,揉着他三天没刮的胡子。他暴躁不安地走到靠墙立着的成堆的画作旁,抽出几幅,拿起油漆和笔刷开始在这些美丽的、写实的画作上疯狂地涂抹起来。

费尔南德简直不敢相信自己的眼睛,看着他这么做,她觉得他应该是完全疯了。

"住手!我们还能卖呢……别涂了!"她恳求道,想把那些画从他手里救回来。

但是,巴勃罗把她推到一边,怒目圆睁。

"没你的事儿,别拦着我!"他喊道。

"住手!你在毁掉你最好的作品!"

"它们是我创作的,我爱怎么样就怎么样!离我远点儿,我还要画画呢!"

他背过身,她又跑回到卧室,哭着锁上了门。

第三十章
大师在工作

巴勃罗像疯子一样整夜地作画,一幅一幅重画着。他拿起一幅,画一会儿,放一边,又拿起另一幅。他的狂躁产生的后果是脑子中出现了各种奇怪、恐怖、棱角状的人物形象。大画布上开始呈现出一幅特殊的画面——《亚维农的少女》。

他在画作中如此粗暴地描绘女性的身体和面具般的脸,这是他研究非洲和伊比利亚图腾对他的直接影响。尽管这种图腾理念是他画这幅画的原动力,但这件作品却是绝对以文化历史传统为基调的,他对空间和碎片感以及人物姿态的把握得益于他中意的格列柯,而整体构图则是借鉴了保罗·塞尚的《浴者》及安格尔的《后宫》场景。

《亚维农的少女》最早叫《亚维农的妓女》，名字取自巴塞罗那亚维农街巴勃罗和麦克斯经常光顾的一家妓院，在那儿能找到大牌妓女。这幅画当时引起了很大轰动，被认为是对公共道德的直接侵害。画里看到的嚣张女人，完全不是人们公认的传统意义上的美女，而是违反她们道德传统的妓女。

费尔南德醒来后，发现巴勃罗仍在画架前狂热地作画，身上挂满油彩，画布扔得遍地都是。他是个使命型的男人，手里拿着画笔一刻不停，他的眼睛聚精会神、熠熠生光。他状若癫狂地顾自嘟囔着，当他迅速地将一块块颜料涂到《亚维农的少女》原稿上时，他的手臂挥舞得让人眼花缭乱。

"不，巴勃罗，别再画了，求求你了！"

但他并不理会她。

"我要找到一个方法，让大家真正看透这些女人……"他自言自语道。

他用大胆的、宽黑的笔触画着女人的身体，直到画中站着的裸体女人有了非洲图腾雕像般的面容。

"你真的疯了！"费尔南德尖叫道，缠着他的手臂，"拜托，别这样。"

第三十章 大师在工作

"你不知道你在说什么。"他吐了一口口水,把她拉到一边。

"你个浑蛋,你几个月的心血,就这么没了,那些都是你最好的作品。纪尧姆和德兰肯定会觉得你无可救药的。"

"我才不在乎他们怎么想呢。走开走开,否则,我把你撵出去。"

"好吧,我这就走,再也不给你添麻烦了,我受够了,你真的不可理喻!"她哭着离开了房间。

巴勃罗只是回头看了一眼,并不在意,嘀嘀咕咕地说:"一定就在那儿,一种沉淀的本质,一些微妙的玄通——一些原始的、深远的、值得保留的……"

绞尽脑汁地思考后,他扔下了画笔和调色板,把手指插入沾满颜料的头发,感到无能为力了。他像一个战败的士兵,垂头丧气地从画板前转过身来。

他上一次洗澡、吃饭或刮胡子是什么时候的事?他的衣服和身上都沾上了颜料,他好像去了趟天堂。也许费尔南德是对的,他想,他必须振作起来。他低头看着脖子上挂着的肯奇塔的吊坠,陷入了沉思。

"玛丽亚,我的天使,我失败了!"他的眼睛噙满了泪水。然后,他看着壁炉,里面的火苗不大,他的手指因为寒冷而抽筋,但他还有很多事要做。他扫了一眼这间寒酸的小屋,希望看到费尔南德。他走向卧室,旋了一下门把手,发现门从里面闩住了。

他耸耸肩,穿上厚外套和毛线帽子,出去砍壁炉用的柴。

午夜时分,巴勃罗倒在费尔南德身边辗转反侧。他被呼啸的风声惊醒,透过雪花装饰的天窗,他仰望着星光灿烂的夜空,静静地沉思。

过了几分钟,他从床上爬起来,走到窗边。外面的雪很厚,窗台上的雪花因月光的照耀反射出棱镜般炫目的颜色。凑近观察,他发现菱形的雪花一碰到窗格就融化了。

第二天早上,巴勃罗又在努力地修改着那幅《亚维农的少女》。终于,他把画笔扔到桌上,撞翻了画作,他对自己很生气。

"我画够了!"

愤怒之中,他抓起身旁桌子上的一个小镜子,一拳将它击碎,碎片撒了一地。

费尔南德来到他身旁,恳求道:"你这样画下去会累死的。

第三十章 大师在工作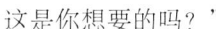

这是你想要的吗?"

像往常一样,巴勃罗充耳不闻,依旧沉浸在自己的世界里。他忽然发现了一些不寻常的东西,他俯下身,靠近看着地板上的镜子碎片,上百片晶莹的小碎片在闪光。他看到这些碎片中有一个支离破碎的自己也在盯着他。

他的脸上呈现出一种发现新大陆般的表情,他喊道:"就是它——光的碎片!"

于是,他趴在地上将这面小镜子的碎片重新排列,不断地调整这些碎片的摆放位置和角度。

费尔南德安静地看着他,绞着双手,既关心又迷惑。看着他破碎的脸通过破碎的镜子又回望过来,就像被时空解剖了、割裂了,换一个角度看,又恢复正常。费尔南德来到他身旁,找了个合适的角度。

"那是什么,你看到了什么?"她问。

"看,你看镜中的自己,"他笑道,很兴奋,"这就是马蒂斯和塞尚之间缺失的链接!"

她集中精力看着这些碎玻璃,当她那被奇怪地扭曲成角度的脸不切实际地向自己微笑时,她慢慢地意识到了他所说的东西。

"我看到了，"她夸张地说，"这像成百上千个立方体！"

巴勃罗欣喜若狂地在这些成堆的碎片中捡拾，把它们按不同的方式排列。

于是，《亚维农的少女》被重新放回到画架，他迅速投入工作中。

第三十一章
伟大的展览·1909·巴黎

在沃拉赫靠近巴黎的乡间别墅,一群富有的、穿着讲究的艺术赞助商走进了他壮观的十七世纪大楼。

人们在巨大的展览室内闲庭信步,停停走走,看着巴勃罗的"蓝色时期"和"粉红时期"的作品。

沃拉赫与他的另一位朋友丹尼尔·亨利·思维勒聊得正欢。思维勒是位知名的艺术品经销商,高高瘦瘦,年近四十的样子,眼睛呈灰蓝色,留着灰色的山羊胡。

思维勒本是金融行业出身,却选择了从事艺术行业,并在巴黎定居,1907年在巴黎开了一间小画廊。他后来对几位年轻艺术家的画作很感兴趣,并很快做了他们的代理人。他们分别是:

乔治·布拉克、安德烈·德朗、莫里斯·德·弗拉曼克、费尔南德·雷捷和胡安·格里斯。他还为一些新生代的文学艺术家出版了书，他们是：纪尧姆·阿波利奈尔、安德烈·马尔罗和安托南·阿尔托。

沃拉赫看起来很不安，站在舞台后，从长长的下垂的红色天鹅绒幔帘旁向外探头探脑。他看见一大群人走了进来，各自就座。

"安布鲁瓦兹，"思维勒说，"我从未见你这么紧张过。怎么了，我的老朋友？"

"这次展览或者成全我或者毁了我。巴勃罗·毕加索把我们都放在打破具象艺术的边缘线上了。我的一些同事担心这次展览会被称为一场闹剧，整个现代艺术运动也将处于危险之中。"

"我明白……可是，真的有那么严重吗？"

"我想是的。"

这时，巴勃罗和麦克斯站在舞台的另一端，看着人群聚集在他们面前。巴勃罗看起来平静、内敛。

"这是你的伟大时刻。"麦克斯说，"你觉得他们会怎么回应呢？"

第三十一章 伟大的展览·1909·巴黎

"我永远也不知道评论家是怎么想的。"他说。

人们站在过道里,等着引领员领着就座。

"他们已经毁了很多当代艺术家,不是吗?"

"你听到战争要爆发的消息了吗?"麦克斯问。

"你说什么呢?"

"当你在戈索尔悠闲地过日子的时候,德国和奥地利这些轴心国正在紧锣密鼓地准备着给欧洲大陆制造冲突。"

"为什么他们要做这样的傻事?"

"哈!在威廉二世统治下,德国已经从维持现状跃升到一种更主动的立场。他决定不再更新与俄罗斯的条约,而选择与奥地利联盟。"

"这有什么区别吗?"

"区别很大。法国和俄罗斯签署过联盟,但德国已经拒绝了,现在建立了自己的海军,英国也很担忧他们对自己的威胁。欧洲已经悲惨地被划分为两大军事阵营。"

"军事阵营?……"

"是的。英国、法国和俄罗斯称为协约国,轴心国是德国和奥地利。战争看来是不可避免的,我的朋友,星星之火,就可燎原啊!"

"你一定是在开玩笑。我们最不认可的就是在欧洲开战。"巴勃罗说,"这件事,你确定吗?"

沃拉赫和思维勒出现了,麦克斯还没来得及回答,就被他们打断了。

"巴勃罗,我来找你,是给你引见我的老朋友,也是合伙人,"沃拉赫说,"这位是丹尼尔·亨利·思维勒。"

巴勃罗伸出手问候:"很高兴认识您,先生。"

"思维勒先生是位著名的艺术品经销商,他是来自德国的收藏家。我必须加一句,他做得相当成功!"

巴勃罗重重地握了握思维勒的手:"啊,那么您一定是轴心国的一部分了?"他意有所指地说,眼睛盯着他。

思维勒觉得他的话很好玩,抬了抬眉毛,笑道:"不,我跟那些乱七八糟的没关系。我就是个靠经销艺术品过活的人。"

"很高兴您这样说。"巴勃罗说着松开了自己握着的拳头。

"哦,看起来你新创作的这个——你们叫它立体主义的东西——引起了很大的轰动呀!"思维勒说,"如果这些运作得好,可能我会和安布鲁瓦兹在其他场馆安排展出你的作品。"

"借您吉言,如果它运作得好的话。但愿我的作品这次不是先被枪毙。"巴勃罗自嘲道。

第三十一章 伟大的展览·1909·巴黎

思维勒紧紧地盯着他,"你是个很有个性又任性的人。"然后他笑了笑,打破了紧张的气氛。

沃拉赫又从帘幕向外偷看,看到艺术评论家费利克斯·巴东带着两个年轻人也到了。他们走进来,坐在大厅后面的一个包厢,一边笑着,一边互相奚落着。

"哦,不,"沃拉赫说,"费利克斯·巴东带着随从来了,观众们越来越不安了。"

"时间到了……"巴勃罗敦促道。

沃拉赫最后意味深长地看了他一眼,然后穿过中间落下的帘幕从后台走出去,面对着二百多人的观众。舞台灯亮起,过道灯暗下来,最后熄灭。

"女士们、先生们,亲爱的朋友们,"沃拉赫站在舞台中央,洪亮的声音响起,"非常感谢各位今天莅临。我希望你们喜欢这场特殊的现代艺术展……在这里特别感谢格特鲁德·斯泰因夫人的大力支持和协助!"

观众发出热烈的掌声。大家的目光都注视着坐在观众席中的格特鲁德。她点点头,向大家微笑。费尔南德和杰米·萨瓦特斯坐在她旁边。

沃拉赫拿出讲稿,读了起来。

"女士们、先生们,请注意:我们即将看到的展览来自于一位有独创性的新生代艺术家,他的名字是巴勃罗·毕加索,他创造了一种史无前例的新型绘画方式。这种形式打破了过去的所有理念——这种新方式的组成部分包括立方体的碎块、浅度的扭曲块和楔形块,中间自由连贯……画面相接和前后背景呼应都是矛盾的,这种大胆的新型突破,他称作'立体主义'。"

沃拉赫把讲稿放下,指向帘幕:"我的朋友们,我现在要给你们展示巴勃罗·毕加索的《亚维农的少女》!"

沃拉赫抬起手,帘幕慢慢升起,露出这幅 96 英寸 × 92 英寸的大幅画作。

一阵尴尬的、奇怪的沉寂,人群中发出一阵喃喃声。观众不知如何回应,他们被这幅不寻常的画作震惊了。

费利克斯·巴东和他的两个年轻的随从坐在包厢里。他侧了一下身,低声说着什么。其中一个年轻人站起来,朝着台下喊道:"这是一种侮辱!"

他的朋友对费利克斯眨眨眼,也站起来。

"这是一种虚伪!"他大叫道。

人们坐在座位上,不安地对视着,想知道发生了什么。空气中弥漫着一种不安的、剑拔弩张的紧张气氛。

然后，费利克斯从座位上站起来，对着观众大声说，"这是一种暴行，这是对艺术世界的侮辱！"

麦克斯很清楚费利克斯接下来要做什么，他对阿波利奈尔点点头，阿波利奈尔几乎已经站在费利克斯的身边，看着费利克斯那两个迷糊的跟班。其中一个挨着阿波利奈尔的年轻随从开始喝倒彩。现在，事情将一发不可收拾。

麦克斯卷起手中的报纸，脱下鞋，用报纸包上，走进包厢。他移到费利克斯身后，那两个年轻的小混混靠着包厢的两边坐着，还在起哄，没注意到他的出现。

麦克斯迅速向周围看了一下，确认没人在看他，然后对着费利克斯的头狠狠一击，把他打得很惨。两个年轻人转过身，发现费利克斯已经瘫在座椅里。

阿波利奈尔跳到舞台上，挥舞着双手，想让激动的观众们安静下来。

"女士们、先生们！"他喊道，"毕加索打开了通往未知世界的大门！这是历史性的突破！"

麦克斯站在过道，给他鼓掌支持，喊道："巴勃罗·毕加索是天才！"

越来越多的群众加入到鼓掌的队伍中，直至达到了白热化的程度：全场起立，热烈鼓掌。

巴勃罗立即被沃拉赫和思维勒从帘幕后推到露天舞台上。

巴勃罗发现自己突然语塞了。他被突如其来的崇拜和关注震惊了。在他奋斗的那些年，他从不怀疑有一天会发生这样的事，他一直笃信他有使命要完成，尽管现实是压倒一切的。像这么成功的个人作品展简直就是一个梦。他周围都是笑脸，大家拍着他的肩，握着他的手，每个人都在讲话。

巴勃罗的思绪飘远了——他的小妹妹肯奇塔，她小小的声音在对他说："有一天你会出名的，巴勃罗……我知道！"

他茫然地看着鼓掌的人群，他对着自己小声说："我不会忘了你的，我的小天使，永远不会！"他亲吻了脖子上的吊坠，眼里噙满了幸福的泪光。

人群中，费尔南德和格特鲁德、杰米站在一起，由于情绪过于激动，眼泪从她美丽的面庞上流下来。随着掌声渐渐弱下去，他们走向舞台，与巴勃罗会合。

费尔南德转向格特鲁德："这对巴勃罗意味着什么？"

"你还不明白吗？我亲爱的，他开启了艺术界的一场全新运动,现在的情形完全不同了。"

"立体主义诞生了。"杰米说。

"那么,他们会怎么描述立体主义?"费尔南德问。

"形式的简单化和扁平化,"杰米说,"从来没有人这么做过。"

格特鲁德接着说:"这是画家们介绍的'过渡',或是两个物体之间的渗透。"

"渗透,我想我还是不明白。"费尔南德说着,摇摇头。

杰米笑了,望着格特鲁德,希望她继续解释。

"亲爱的,渗透是毕加索作品的主要特色。简单地看,它违背了传统艺术。它还显示出,他在创作一幅画时采用了一个精致的、独特的逻辑,那是独立于任何我们所曾经了解的事物。真的非常了不起!"

杰米来到后台,他注意到巴勃罗的深蓝色画作《生命》挂在卡洛斯·卡萨吉玛斯的墙上。

"卡洛斯会感到骄傲的。"杰米说着,转向费尔南德,"这幅画里,巴勃罗把握住了他朋友的真正内涵。卡洛斯因此获得了永生,直到永远。"

巴勃罗独自坐在后台,手里握着肯奇塔的吊坠,安静地沉思着。这时,阿波利奈尔走了过来,身后跟着一位长相高贵的年轻人。这个人既年轻又帅气,二十出头,精心打理的头发上戴着一顶活泼的红色贝雷帽,一条金色丝巾松松地绕在脖子上。他流露出一种年轻人特有的自信和时髦。

"巴勃罗……这位是乔治·布拉克。"

布拉克上前一步,热情地跟巴勃罗握手。

"我总听别人提起你,"布拉克说,"如果您有时间的话,可否光临我的画室?"

巴勃罗重重地和他握了握手:"为什么不呢?我听过你的名字,你也对抽象形式感兴趣。"

"的确是的。"布拉克说,"到时候好好聚聚吧,我会把地址留给沃拉赫的。"

他们简短的会晤被麦克斯和一小群祝福者打断——他们把巴勃罗扛在肩膀上,庆祝他取得的伟大成功。

人们扔着彩带和五彩纸屑,一个人把五彩缤纷的花环套在巴勃罗头上,他们扛着他走出了大楼。

没人注意到有个面容苦楚的人从门口走过来,手中挥舞着报纸,对着人群声嘶力竭地喊着,但没人在意他。

"安静点儿,你们这些傻子!"这个男人叫道,"大公斐迪南被暗杀了!——马上要开战了!"

但是庆祝的人群没有注意这个男人,他们已经走出了繁忙的巴黎大道。

大家都认为对弗朗茨·斐迪南大公的暗杀不会引起什么大的波浪,但没有人意识到战争的的确确开始了。

一种可怕的寂静降临在空寂无人的展厅礼堂,在煤气灯照亮的空空舞台上,立着那幅举世无双的作品《亚维农的少女》——女人们毛骨悚然的、痛苦的面孔逼视着茫茫苍穹……